Živko Marković

(NE) SVOJINA

Beograd, 1997.

Sadržaj

4

I

PRISVAJANJE I OTUĐIVANJE

PRISVAJANJE KAO OTUĐIVANJE

Svojina - nesvojina

Svojina, kao pozitivno određenje nečeg postojećeg, skriva u sebi i svoje negativno određenje kao nečeg nepostojećeg - nesvojinu. Tvrditi da nešto pripada nekome ima smisla samo ako ono ne pripada nikom drugome, tako da sve što predstavlja svojinu za jedne, istovremeno znači nesvojinu za druge. Zato su svojina i nesvojina nerazdvojna obeležja svakog svojinskog objekta, ali ne predstavljaju imanentnu suprotnost ni jedne stvari same po sebi.

Takva imanencija nije ni moguća jer ni jedna stvar ne predstavlja svojinski objekt sama po sebi nego to postaje tek u posedu svojinskih subjekata i u društvenim odnosima između posednika i neposednika. Polarizacija svojinskog objekta na svojinu i nesvojinu samo je postvareni izraz društvene polarizacije na posednike i neposednike, od kojih jedni poseduju zahvaljujući tome što su drugi lišeni poseda. Nešto je u stanju svojine prema svom posedniku zato što je istovremeno u stanju nesvojine prema neposedniku, a izvan tog odnosa nije u niukakvom svojinskom stanju.

Svojinsko stanje nekog objekta označava njegovu pasivnu poziciju, i prema posedniku i prema neposedniku, koji se jedan prema drugome posredstvom njega i povodom njega aktivno odnose. U tom odnosu aktivnu poziciju svojinskog objekta zauzima neposednik koji prema posedniku kao svojinskom subjektu nastupa kao obezvlašćeni subjekat.

Preko svojinskog poseda posednik faktički poseduje i neposednika, koji zbog lišenosti poseda kao neizostavnog uslova sopstvene egzistencije, nije u mogućnosti da poseduje ni samoga sebe. U međusobnim odnosima posednik se javlja kao oličenje svojine, a neposednik kao oličenje nesvojine; prvi je pozitivna, drugi negativna strana svojinskog odnosa. A kako jedna strana ne može postojati bez druge strane,

7

ukidanjem jedne neizostavno se ukida i druga; gde nema neposednika, tamo ne može biti ni posednika.

Pozitivno ukidanje te suprotnosti može se izvršiti samo ukidanjem njene negativne strane, a kada se ukine jedan pol suprotnosti neizostavno se ukida i drugi. Svojina kao društveni odnos može se ukinuti a da se ne ukine samo društvo, jedino ako se ukine nesvojina, to jest ako i neposednici postanu posednici kako niko ne bi bio povlašćeni posednik. Pokušaji negativnog ukidanja svojinskih odnosa putem ukidanja ovlašćenih posednika prete ukidanjem celog društva, a kako se može izvršiti pozitivno ukidanje, ostaje da se vidi.

Prisvajanje - otuđivanje

Svojina je samo jedno stanje koje se ne može održavati bez odgovarajućeg procesa čiji je rezultat i čijim se obnavljanjem stalno reprodukuje - bez prisvajanja. A prisvajanja ne može biti bez otuđivanja jer sve što se na jednoj strani prisvaja, mora se na drugoj strani otuđivati. Kao što svojina posednika znači nesvojinu za neposednika, tako prisvajanje prvoga znači otuđivanje za drugoga jer je nesvojina rezultat otuđivanja, baš kao što je svojina rezultat prisvajanja, a pošto su prisvajanje i otuđivanje istovetan proces, svojina je isto toliko rezultat otuđivanja koliko je nesvojina rezultat prisvajanja.

Prisvajanje i otuđivanje samo su različite strane jednog te istog procesa reprodukovanja svojinskih odnosa, kao što su svojina i nesvojina različite strane jednog te istog stanja tih odnosa. Prisvajanje od strane vlasnika je otuđivanje od nevlasnika, zaposedanje od jednog, identično je lišavanju poseda drugog. Otuđivanje je negativna, prisvajanje pozitivna strana reprodukovanja svojinskih odnosa; što jedan dobija, to drugi neizostavno gubi; jedna strana ne može ništa dobiti što se drugoj ne oduzme.

Reprodukovanjem svojine i nesvojine prisvajanje i otuđivanje reprodukuju posednike i neposednike, a time i njihove polarizovane

8

pozicije prema svojinskom objektu. U stvari, posednici i neposednici samo zamenjuju mesta na objektivno već određenim pozicijama tako što posednici postaju neposednicima, a neposednici posednicima. U odnosu na bilo koji svojinski objekt svako je potencijalno i posednik i neposednik jer večiti i nezamenjivi posednik niko ne može biti.

Ali apsolutnim posednikom niko ni privremeno ne može postati jer se od pojedinih posednika mogu otuđivati i prisvajati samo pojedini svojinski objekti a ne i celokupno vlasništvo, koje se nikada ne može naći u posedu jednog vlasnika. Od pojedinog posednika ne može se, međutim, u potpunosti otuđiti ni njegov ograničeni posed a da se ne otuđi i njegova egzistencija, čime bi se ukinulo svako otuđivanje i svako prisvajanje.

Apsolutnog otuđivanja i prisvajanja, prema tome, ne može biti, pa ne može biti ni apsolutnih posednika i neposednika. Da bi se imalo šta prisvajati mora se imati šta otuđivati, zbog čega svako mora posedovati nešto što se može otuđiti. U društvu zasnovanom na svojinskim odnosima svojina mora predstavljati opštedruštvenu pojavu; vladajućim društvenim odnosom ona je mogla postati samo ukoliko je ovladala celim društvom.

Pošto su svojina i nesvojina neodvojive strane svojinskog odnosa, stanje svojine nije moglo nastati iz stanja nesvojine, koje mu, stoga, nije moglo ni prethoditi. To bi značilo da je svojina mogla nastati iz ničega jer nesvojina bez svojine ne znači ništa, te da bi se i prisvajanje moglo vršiti bez otuđivanja, čime bi se svelo na prisvajanje svojega, što je tautologija kojom se pojam prisvajanja svodi na golu apstrakciju.

Predsvojinsko stanje nije moglo predstavljati stanje nesvojine jer prvobitno ne samo što ništa nije "pripadalo" nikome, nego je istovremeno sve "pripadalo" svakome, što znači da nikakvi svojinski odnosi još nisu bili iskristalisani, te se ni o svojini ni o nesvojini još nije moglo govoriti. Tek je prvo prisvajanje moglo značiti i prvo lišavanje nečega što je prelazeći u nečiju svojinu samo zbog toga postalo i nečija nesvojina. ·

9

S obzirom da je prvobitno sve bilo i svačije i ničije, prva prisvajanja nisu se mogla vršiti direktnim otuđivanjem, pa stoga nije moglo biti ni direktnog prisvajanja. Čim je, međutim, prvo parče svačije i ničije zemlje označeno nečijim posedom, ono je samim tim indirektno izuzeto iz poseda svih ostalih, ali već prva promena njegovog posednika morala je biti izvršena direktnim otuđivanjem i direktnim prisvajanjem, bilo dobrovoljnim ustupanjem, nasleđem ili nasilnim oduzimanjem.

Ma kako se ostvarivala, mogućnost prisvajanja sadržana je u mogućnosti otuđivanja pošto se na jednoj strani ništa ne može prisvojiti što se na drugoj strani ne da otuđiti. Stoga je i mogućnost ukidanja prisvajanja sadržana u nemogućnosti otuđivanja, u kojoj je sadržano i ključno rešenje za prevazilaženje svojinskih odnosa kao ekonomske osnove ljudske zajednice. Kakvi su realni izgledi za to, ostaje da se u daljoj analizi vidi.

Osnovni smisao prisvajanja

Osnovni smisao prisvajanja je u podmirivanju ljudskih potreba, tako da *"prisvojiti jedan predmet - znači uvlačiti ga u sferu interesa onoga koji prisvaja u cilju zadovoljavanja njegovih potreba"*[1]. I životinja pribavlja svoje potrebštine, stvarajući i neophodne rezerve, ali ona ne prisvaja jer samo biće koje se oseća svojim može prisvojiti i nešto tuđe; samo ko raspolaže samim sobom može raspolagati i nečim izvan sebe.

Raspolaganje upotrebnim dobrima je zapravo osnovni uslov njihovog korišćenja u zadovoljavanju ljudskih potreba, zbog čega ono predstavlja bitno obeležje svake svojine, koja se, naime, i sastoji u raspolaganju svojinskim objektom, a raspolagati nečim može samo biće koje raspolaže sopstvenom svešću i voljom jer je raspolaganje svesno - voljni čin. Ako je *"najbitnija u svojini - vlast, vlasništvo lica na stvarima, mogućnost da raspolaže njima prema svome nahođenju"*[2], takve mogućnosti ne može biti bez mogućnosti samog nahođenja.

---

[1] Andrija Gams, *Svojina*, drugo izdanje, "Naučna knjiga", Beograd, 1988, str. 14

[2] S. Aleksejev, *Svojina, pravo, socijalizam*, "Savremena administracija", Beograd, 1990, str. 73

Iako je osnovni smisao raspolaganja u mogućnosti korišćenja svojinskog objekta, ono "... *kao puna ili najpunija vlast na predmetu*"[3], uključuje i posedovanje, upotrebu i otuđenje, sve do uništenja svojinskog objekta, kao bitne uslove njegovog korišćenja. Da bi se neko dobro moglo koristiti, ono se mora upotrebiti, a da bi se moglo upotrebiti, mora se posedovati, da bi se, opet radi iskorišćenja od strane posednika, moglo i otuđiti ili uništiti.

Posedovanje je, prema tome, neizostavni uslov stvarnog raspolaganja, pa stoga i mogućnosti korišćenja svojinskog objekta, zbog čega je ono istovremeno i glavni neposredni cilj prisvajanja kao pribavljanja upotrebnih dobara u posed. Samo je vlasnik koji poseduje svojinski objekt u mogućnosti da ga upotrebljava i u zadovoljavanju svojih potreba koristi, što je krajnja svrha i prisvajanja i posedovanja.

Potrebe su stoga glavni, pa u krajnjoj liniji, i jedini motiv prisvajanja, tako da niko i ne oseća potrebu za prisvajanjem nečeg što ne može zadovoljiti nikakvu potrebu. One su pokretačka snaga koja tera da se sve ljudske snage pa i ljudski životi ulažu u prisvajanje kako bi se obezbedilo njihovo zadovoljavanje.

Kao neizostavni uslov zadovoljavanja ljudskih potreba, prisvajanje i samo predstavlja ljudsku potrebu i, šta više, potrebu svih potreba, pretvarajući se u glavnu preokupaciju ljudskog bića, kome i samo posedovanje radi posedovanja postaje pokretačka snaga prisvajanja. Ukoliko bez imanja nema bivanja, imati postaje važnije od biti, pa se i život žrtvuje posedovanju, tako da "... *čak i ne pretendujemo da upotrebljavamo mnoge stvari...*", već "... *ih stičemo da bi smo ih imali*"[4].

To je linija preko koje smisao prisvajanja prelazi u njegov besmisao, a pod kojim će uslovima svako prisvajanje postati besmisleno, ostaje da se vidi. Ako je smisao prisvajanja u podmirivanju ljudskih

[3] Dr Radomir Lukić, *Društvena svojina i samoupravljanje*, "Savremena škola", Beograd, 1964, str. 9

[4] Erih From, *Zdravo društvo*, "Rad", Beograd, 1983, str. 140

potreba, to bi morali biti oni isti uslovi pod kojima se ljudske potrebe mogu zadovoljavati bez prisvajanja.

Osnovni uzrok prisvajanja

Oprisvajanju je sigurno besmisleno govoriti onda kada se nema šta prisvojiti, ali bi bilo još besmislenije lišiti se onog što se može prisvajati da bi se prisvajanje učinilo besmislenim. Postoji, međutim, jedna granica u obilju potencijalnih izvora prisvajanja preko koje prisvajanje samo po sebi gubi svoj smisao.

Sa stanovišta ljudskih potreba u čijoj je funkciji prisvajanje, to je granica između relativne oskudice i apsolutnog izobilja. Kao što je u apsolutnoj oskudici objektivno nemoguće, tako je u apsolutnom izobilju prisvajanje kao društveni odnos samo po sebi bespredmetno.

U stvari, bez lišavanja na jednoj, nema ni prisvajanja na drugoj strani, jer nikome ne pada na pamet da prisvaja ono čega za sve ima u izobilju. Kako primećuje Džon Lok, "... *onaj ko ostavlja onoliko koliko drugi može da upotrebi, čini isto tako dobro kao da ništa ne uzima...* ", tako da "... *niko ne bi mogao da sebe snatra oštećenim time što drugi čovek pije vodu, mada je uzeo dobar gutljaj, ako mu je ostala cela reka iste vode da ugasi svoju žeđ* "[5]. I ako bi zemlje "... *bilo u neograničenoj količini, onda njeno prisvajanje od strane jednih stvarno ne bi moglo da isključi njeno prisvajanje od strane drugih, privatna (pa i "javna" ili državna) svojina na zemlji ne bi mogla da postoji* "[6]. Dok je "... *opština bila relativno slabo naseljena prema prostoru zemlje koji je obuhvatala, nije trebalo nikakvih* (svojinskih - Ž.M.) *odredaba...* " jer je "... *svaki sekao onoliko šume koliko mu je bilo potrebno, a mogao je i svoju stoku izgoniti na pašu* "[7].

---

[5] *Dve rasprave o vladi*, knj. II, NIP "Mladost", Beograd, 1978, str. .26

[6] K. Marks, *Teorije o višku vrednosti*, K. Marks, F. Engels, Dela, tom 25, "Prosveta", Beograd, str. 245

[7] E. od Lavlej, *Svojina i njeni prvobitni oblici*, Izdanje Fonda Dimitrija Nikolića-Belje, Beograd, 1899, str. 119

Potreba za prisvajanjem javlja se samo u uslovima relativne oskudice ili relativnog izobilja, kada upotrebnih dobara nema dovoljno za sve, i kada se zbog toga njihovo korišćenje od strane jednih, mora vršiti uz lišavanje drugih. Do prisvajanja je moglo doći tek kada su ljudi ta dobra počeli stvarati, i ona će se prisvajati sve dok ih ne bude toliko koliko je za sve potrebno. Pošto proizvodnja sve više raste, čovečanstvo se ubrzano kreće u tom pravcu, a u najrazvijenijim sredinama prisvajanje već gubi na značaju.

Sve je više i dobara koja se zbog svoje prirode ne mogu prisvajati, i koja svi mogu neograničeno koristiti bez lišavanja drugih. To su sva naučna i umetnička dela, koja, zahvaljujući sve razvijenijim javnim komunikacijama, postaju svima dostupna, i koja se upravo i stvaraju za druge i radi toga da bi svima koristila. Za primenu naučnih tekovina može se svako osposobiti, kao što u nekoj muzičkoj kompoziciji, literarnom ili likovnom delu svako na svoj način može uživati a da u tome ni najmanje ne ograničava druge.

To pokazuje da prisvajanje nije u suštini vezano za generičkoduhovnu, već za fiziološku reprodukciju ljudskog bića, i da je tek preko fizioloških, u funkciji zadovoljavanja i njegovih duhovnih potreba. Zato sve dok je, i samo dok je preokupiran svojom fiziološkom reprodukcijom, čovek će biti, i mora biti preokupiran i prisvajanjem kao nužnim uslovom održavanja svoje egzistencije.

Osnovni izvor prisvajanja

Ako je prisvojivo samo ono što je i otuđivo, onda se i u sferi fiziološke reprodukcije čoveka mogu prisvajati samo proizvodi njegovog rada. Sam živi rad se po svojoj prirodi ne može otuđivati jer je on neposredno svrsishodno trošenje radne energije samoga radnika koje niko ne može preuzeti. Zato je samo proizvodni rad u svom opredmećenom obliku kao gotova produkcija osnovni i, u krajnjoj liniji, jedini izvor prisvajanja.

Priroda se po prirodi stvari ne može otuđivati od čoveka, koji je njen neodvojivi deo, pa se stoga ne može od njega ni prisvajati jer je ona već od rođenja njegova. Zato je i *"... zemlja* (samo - Ž.M.) *u onoj meri čovekova svojina koliko je on obrađuje, zasađuje, unapređuje, kultiviše i može da koristi njene plodove"*[8]. Prema istraživanjima E. od Lavleja, neobrađena zemlja u predelima američkih urođenika *"... nema nikakve vrednosti, pa nije čudo što Indijanac nema ideju o privatnoj svojini zemlje"*[9].

Delujući na prirodu i njene plodove, čovek stvara svoje proizvode, i to što u njih od sebe otuđuje nije prirodna supstanca već njegov opredmećeni rad, koji pored upotrebne, stvara i ekonomsku vrednost. Taj rad će se razotuđivati ako radnik svoj proizvod sam troši, ali se može i nepovratno otuđivati ako ga neko drugi prisvaja. Mogućnost prisvajanja sadržana je u samoj prirodi proizvodnog rada koji je već sam po sebi otuđiv, pa se može reći i da proizvođač trošenjem prisvaja sopstveni proizvod, ali samo u tehničkom a ne i u društvenom smislu.

To Marksu daje za pravo da prisvajanje u krajnjoj liniji svede na samu proizvodnju tvrdeći da je *"... svaka proizvodnja prisvajanje prirode od strane individuuma u okviru i posredstvom nekog određenog društvenog oblika..."* i da *"... vlasništvo prvobitno ne znači ništa drugo nego čovjekovo odnošenje prema svojim prirodnim uslovima proizvodnje, ...kao prema uslovima pretpostavljenim s njegovim vlastitim postojanjem"*. Ali Marks uviđa da se svođenjem na proizvodnju prisvajanje rastače u svom izvoru, te da je *"... tautologija kazati da je vlasništvo (prisvajanje) uslov proizvodnje"*[10], jer ako su uslovi proizvodnje od prirode dati čoveku, onda ih nema šta prisvajati.

Izvirući iz proizvodnog oblikovanja prirode, prisvajanje nastaje kao društveni odnos među proizvođačima, uključujući i prisvajanje prirode, ali ne kroz obezvlašćivanje same prirode, već jednih proizvođača

---

[8] John Lok, cit. rad, str. 26

[9] Cit. rad, str. 278

[10] *Osnovi kritike političke ekonomije*, K. Marks, F. Engels, Dela, tom 19, isto, str. 8. i 326

14

od strane drugih. U relativnoj oskudici proizvedenih dobara, oni ih ne prisvajaju od prirode (od koje su inače neotuđivi) već jedni od drugih, raspodeljujući ih zavisno od toga u kakvim se međusobnim odnosima nalaze.

To što se, u suštini, prisvaja nije prirodna supstanca sadržana u proizvedenim dobrima, već ljudski rad koji je u njima opredmećen, što izbija na videlo tek u robnonovčanoj proizvodnji gde se kao krajnji rezultat proizvodnje ne pojavljuju upotrebne vrednosti tih dobara nego njihova ekonomska vrednost. Zato prisvajanje ne predstavlja bilo kakav, već isključivo društveno-ekonomski odnos, koji će činiti osnovu ljudske zajednice sve dok ljudi sredstva svoje fiziološke reprodukcije budu neposredno proizvodili.

S obzirom da se sa razvojem tehnologije, u neposrednu proizvodnju ulaže sve manje ljudskog rada, i da se stoga ekonomska vrednost proizvedenih dobara po jedinici proizvoda stalno smanjuje, proces prevazilaženja svojinskih odnosa počinje praktično već sa njihovim nastajanjem i može se okončati tek sa potpunom automatizacijom proizvodnje. Tek potpuno automatizovana proizvodnja može dati i potpuno izobilje životnih sredstava, pri kojem je njihovo prisvajanje sasvim bespredmetno i društveno neodrživo.

Glavni objekt prisvajanja

Pošto je proizvodnja osnovni izvor prisvajanja, glavni objekt prisvajanja su osnovni činioci proizvodnje, bez kojih ne može biti ni proizvoda i njihovog prisvajanja. Samo ko raspolaže proizvodnim činiocima, može proizvoditi i proizvedena dobra po sopstvenoj volji prisvajati.

Zato je nezamenjivi objekt prisvajanja vekovima bila zemlja kao ”...velika laboratorija, arsenal koji pruža kako sredstva rada i materijal za rad, tako i boravište”[11]. Sve dok je zemljoradnja predstavljala

---

[11] K. Marks, isto, str. 313

15

glavnu granu proizvodnje, i zemljovlasništvo je predstavljalo glavni oblik vlasništva, od kojeg su i ostali oblici vlasništva sudbonosno zavisili.

Potiskivanjem zemljoradnje, industrija je u drugi plan potisnula i zemljovlasništvo, pretvarajući proizvodnu tehniku, a zatim i novčani kapital u glavni objekt prisvajanja. Uspostavljanjem vladavine robnonovčane proizvodnje, industrijalizacija je konačno sve objekte prisvajanja svela na njihovu zajedničku suštinu-ekonomsku vrednost preobučenu u čarobno, od svih prisvojivo ruho-novac, kojim se u posed može pribaviti sve što je za proizvodnju potrebno pa i sam proizvođač.

Pošto je osnovni izvor prisvajanja proizvodni rad, osnovni objekt prisvajanja u svim oblicima ljudske proizvodnje je upravo sam proizvođač kao neposredni tvorac svih prisvojivih proizvoda. Po svojinskom statusu, proizvođač se, i u pogledu prisvajanja i u pogledu raspolaganja, zapravo, izjednačava s ostalim činiocima proizvodnje. *"U robovskom odnosu on pripada pojedinom, posebnom vlasniku, čiji je on radni stroj...U kmetskom odnosu on se pojavljuje kao moment samog zemljišnog vlasništva, predstavlja dodatak zemlji, isto kao radna stoka... Prema slobodnom radniku radna snaga se pojavljuje u svom totalitetu kao njegovo vlasništvo, jedan od njegovih momenata što ga on kao subjekt obuhvaća i održava ga time što ga prodajom otuđuje"*[12], stavljajući ga na raspolaganje drugom vlasniku.

Ukoliko se mehanizacijom radna snaga čoveka potiskuje iz neposrednog procesa proizvodnje, utoliko proizvođač prestaje biti objekt prisvajanja, ali utoliko prestaje biti i neposredni proizvođač. Sve dok je u poziciji neposrednog činioca proizvodnje, čovek će se neizbežno nalaziti u poziciji svojinskog objekta, pa će samo dotle i prisvajanje neizbežno predstavljati bazični društveni odnos jer to što se, u suštini, može prisvajati je isključivo proizvodni rad čoveka.

Zato, ukoliko sam proizvođač prestaje biti objekt prisvajanja, utoliko to prestaju biti i ostali, njegovim radom proizvedeni činioci

---

[12] K. Marks, isto str. 306

proizvodnje. Pošto se povećavanjem produktivnosti smanjuje količina rada u jedinici proizvoda, njihova ekonomska vrednost automatski pada, sa čim pada i značaj njihovog prisvajanja. Kad se proizvodnja do kraja automatizuje, proizvodna sredstva će, zajedno sa svim ostalim proizvodima, potpuno izgubiti svoju ekonomsku vrednost, čime će se u vrednosnom i svojinskom pogledu izjednačiti sa prirodnim uslovima proizvodnje.

Diktiran razvojem proizvodnih snaga, proces ekonomskog i svojinskog obezvređivanja proizvodnih sredstava traje, u stvari, od samog nastanka ljudske proizvodnje, ali tek s industrijalizacijom dobija naglo ubrzanje, kada sve više izbija na videlo. Što se neposredno učešće čoveka u proizvodnji, preko tehnološki objektiviziranog znanja, više zamenjuje njegovim posrednim učešćem, to prisvojivi materijalni činioci proizvodnje svoj primat sve više ustupaju neprisvojivim duhovnim činiocima.

Ako je industrijalizacijom proizvodna moć sa zemlje prenesena na kapital, "... trebalo bi očekivati da će se na polju industrijske inicijative dogoditi novi pomak moći, i to s kapitala na organizirano znanje...". A to se "... upravo i događa..."[13], jer "... razvitak proizvodnje očigledno počinje da zavisi više od opšteg nivoa nauke (i njene primene, bilo to u progresu tehnologije ili upravljanja, organizacije i kvalifikacije) nego od količine primenjenog živog jednostavnog rada u neposrednoj proizvodnji i od količine sredstava proizvodnje i obima opredmećenog rada - dakle, više nego od ukupne količine kapitala"[14].

Scientizacija sama sobom vrši deprivatizaciju proizvodnje jer "... nauka, kao proizvodna snaga, suštinski ne podnosi oblik privatnog vlasništva i stalno ga lomi"[15]. Iako je pod vladavinom kapitala, ukoliko se prožima scientizacijom već "... kapitalistički proces potiskuje u pozadinu sve one institucije, naročito institucije svojine i slobodnog

[13] John Kenneth Galbraith, *Nova industrijska država*, "Stvarnost", Zagreb, 1970, str. 67

[14] Radovan Rihta i saradnici, *Civilizacija na raskršću*, "Komunist", Beograd, 1972, str. 30

[15] Isto, str. 66

ugovaranja, koje izražavaju potrebe i načine zaista "privatne" ekonomske aktivnosti"[16].

Potpuna zamena proizvodnog rada stvaralačkim radom značila bi potpunu desvojinizaciju ne samo proizvodnje već i ostalih sfera društvene reprodukcije. U pravu kontinentalne Evrope autorsko pravo i pravo industrijskog vlasništva se više, uglavnom, ne tretiraju kao svojinska prava, a pravna zaštita pronalazaka u uslovima vladavine svojinskih odnosa održava se samo radi ostvarivanja drugih svojinskih prava, dok se naučna otkrića ne mogu ni zaštititi niti je to u interesu njihovih autora, čija je lična afirmacija vezana upravo za njihovu socijalizaciju.

Osnovni oblici prisvajanja

U teorijskim razmatranjima razlikuju se, uglavnom, dva osnovna oblika prisvajanja: prisvajanje sopstvenog, i prisvajanje tuđeg rada, ili prisvajanje koje počiva na sopstvenom radu i prisvajanje eksploatacijom tuđeg rada. Na prvi pogled izgleda da se radi o sasvim različitim i potpuno nezavisnim oblicima prisvajanja, ali se oni, u suštini, svode na reprodukovanje istog svojinskog odnosa.

Prisvajanje sopstvenog rada, koje se svodi na tautologiju, ne bi imalo nikakvog smisla, niti bi samo za sebe bez prisvajanja tuđeg rada kao svoje suprotnosti, moglo predstavljati nekakav društveni odnos. Tu se u društvenom smislu i ne vrši nikakvo prisvajanje već svako u svom posedu zadržava ono što je sam proizveo i što je, po prirodi stvari, i bilo njegovo. Mogućnost nepovratnog otuđivanja sopstvenim radom stečene imovine jedini je pravi razlog njene svojinske institucionalizacije kojom se takvo otuđivanje sprečava.

Pisvajanje sopstvenog rada je, prema tome, samo izvedeni sekundarni antipod prisvajanja tuđeg rada kao osnovnog i u suštini jedinog stvarnog prisvajanja. Zato se ukidanjem prisvajanja tuđeg rada praktično ukida svako prisvajanje kao društveni odnos, s obzirom da stvarnog prisvajanja na jednoj, ne može biti bez otuđivanja na drugoj strani.

[16] Jozef Šumpeter, *Kapitalizam, socijalizam i demokratija*, "Kultura", Beograd, 1960, str. 209

Uostalom, teorijska diferncijacija na prisvajanje tuđeg i prisvajanje sopstvenog rada je uslovna i relativna jer takve, striktno razgraničene diferencijacije u stvarnosti nema niti može biti. Pošto je sve što čovek proizvede u suštini društveni proizvod, sve je istovremeno rezultat i sopstvenog i tuđeg rada.

Ni jedan proizvod nije rezultat rada samo njegovog neposrednog proizvođača već i rada svih minulih generacija ljudskog roda čija je proizvodna znanja i veštine on za svoje radno osposobljavanje koristio. Pored toga, gotovo svaki proizvod proizvodi se sredstvima koja su drugi proizveli, i na kraju, u proizvodnji pojedinih proizvoda često i neposredno sudeluju mnogi saradnici, bilo u obavljanju osnovnih operacija ili pomoćnih i uslužnih delatnosti.

Zato niko ne može reći da je nešto što je proizveo samo njegov proizvod, ali nema ni svojine koja se stiče isključivo prisvajanjem tuđeg rada bez ikakvog ličnog angažovanja prisvajača pa makar se ono svodilo samo na dokazivanje svojinskih prava. Diferencijacija prisvajanja može se stoga vršiti samo prema tome da li u određivanju ekonomske vrednosti svojinskih objekata preovlađuje tuđi ili vlastiti rad njihovih posednika.

Zavisno od toga, mogu se kao rezultat "prisvajanja" sopstvenog rada razlikovati **lična svojina**, kao "...*proširenje vlastite ličnosti...*"[17] proizvođača, i **privatna svojina**, kao rezultat prisvajanja "... *otuđenog rada, .otuđenog života, otuđenog čovjeka...* "[18], što i sama reč privatio[onis] (lišenje nečega) izražava. Uobičajenim izjednačavanjem privatne svojine s individualnom svojinom, a lične svojine sa sredstvima lične potrošnje, potpuno se zamagljuje njihova suština, što odgovara samo prisvajačima tuđeg rada.

Privatna svojina se ne svodi na individualnu svojinu, jer se prisvajanje tuđeg rada može vršiti i pojedinačno i kolektivno, niti se individualna svojina svodi na privatnu svojinu pošto se može zasnivati i na

[17] Rudi Supek, *Sociologija*, XV izdanje, "Školska knjiga", Zagreb, 1987, str. 137

[18] K. Marks, *Ekonomsko-filozofski rukopisi iz 1844.*, K. Marks, F. Engels, Dela, tom 3, isto, str. 224

sopstvenom i na tuđem radu. Ni lična svojina se ne svodi na posedovanje sredstava lične potrošnje, ne samo zato što se i sredstva proizvodnje mogu proizvoditi sopstvenim - ličnim radom, već što se kao svojinski objekti iste stvari mogu koristiti i za ličnu i za proizvodnu potrošnju.

Pošto između prisvajanja tuđeg i "prisvajanja" sopstvenog rada nema stroge granice, ne mogu se jedna od druge strogo razgraničiti ni privatna i lična svojina. Svaka svojina je istovremeno i privatna i lična u onoj meri u kojoj se zasniva na prisvajanju i tuđeg i sopstvenog rada, a može se uslovno nazvati privatnom ili ličnom zavisno od toga koji oblik prisvajanja u njenom reprodukovanju preovlađuje.

Privatna svojina je, međutim, osnovni a lična izvedeni oblik svojine, baš kao što je i prisvajanje tuđeg rada osnovni a "prisvajanje" sopstvenog rada izvedeni oblik prisvajanja. Zato su neodrživa shvatanja da će lična svojina nadživeti privatnu svojinu, jer se samim ukidanjem privatne svojine ukida svaka svojina. Ukoliko prestaje prisvajanje tuđeg, utoliko ne samo što nestaje potreba za "prisvajanjem", nego nastaje potreba za "otuđivanjem" sopstvenog; a umesto težnji za privatizacijom, na scenu stupaju težnje za socijalizacijom.

EKSPLOATACIJA KAO IZVORNO PRISVAJANJE

Pretpostavke eksploatatorske proizvodnje

"**P**risvajanje" sopstvenog rada pretpostavlja "slobodnu proizvodnju", u kojoj proizvođač sam raspolaže svim činiocima proizvodnje, što mu omogućava da sam i odlučuje šta će i koliko proizvoditi. Zahvaljujući tome, on sam raspolaže i ukupnim rezultatima svog rada, koji ostaju u njegovom posedu. Sve što od drugih prisvaja i što drugi prisvajaju od njega odigrava se izvan neposredne proizvodnje.

Nasuprot tome, prisvajanje tuđeg rada pretpostavlja eksploatatorsku proizvodnju, u kojoj su činioci proizvodnje uključiv i samog proizvođača, otuđeni od proizvođača. Posednik proizvodnih sredstava mora istovremeno posedovati i radnu snagu proizvođača, koja je njegov predmet iskorišćavanja kao i materijalni činioci proizvodnje. U tom proizvodnom kompleksu je ne samo za prisvajanje već i za samu proizvodnju presudan odnos između proizvođača kao objekta, i njegovog posednika kao subjekta prisvajanja jer je prisvajanje osnovni smisao eksploatatorske proizvodnje.

Posednik proizvodnih sredstava ne bi imao nikakvog interesa da zapošljava tuđu radnu snagu kada deo njenog proizvoda ne bi kao čistu dobit koja ga ništa ne košta, prisvajao za sebe. Šta više, bez toga on ne bi posedovao ni sama proizvodna sredstva, koja bez prisvajanja tuđeg rada ne bi mogao koristiti, održavati i uvećavati.

Nije, stoga, samo prisvajanje tuđeg rada uslovljeno eksploatatorskom proizvodnjom, nego je i eksploatatorska proizvodnja uslovljena prisvajanjem tuđeg rada. To je, u stvari, lančani sled u kojem svako povećanje eksploatatorske proizvodnje omogućava i prisvajanje veće količine tuđeg rada, a svako novo prisvajanje tuđeg rada je i nova mogućnost za povećanu eksploatatorsku proizvodnju. Ali pošto je prisvajanje

21

osnovni smisao eksploatatorske proizvodnje, ona u suštini nije ništa drugo do karakteristični oblik i sam proces reprodukovanja prisvajanja u koji se prisvojeni proizvod stalno iznova vraća da bi se stalno sve više uvećavao.

Da bi mogao reprodukovati svoj posed, posednik mora reprodukovati sve činioce proizvodnje, i kao što jedan deo proizvoda ulaže u reprodukovanje materijalnih sredstava rada, tako određeni deo mora usmeravati u reprodukovanje radne snage. Stoga on faktički ne može za sebe prisvajati ceo proizvod, od kojeg jedan deo mora stavljati na raspolaganje samom proizvođaču radi održavanja njegove egzistencije.

Ovde se najbolje pokazuje koliko je prisvajanje tuđeg rada uslovljeno "prisvajanjem" sopstvenog rada, ali i to da je "prisvajanje" sopstvenog, sudbonosno vezano za prisvajanje tuđeg, u čiju je funkciju zapravo stavljeno. Proizvođaču se sredstva životne egzistencije koja su proizvod njegovog sopstvenog rada, stavljaju na raspolaganje samo zato da bi se on kao radna snaga stavljao na raspolaganje prisvajačima tuđeg rada.

Sve se dakle, u krajnjoj liniji, svodi na prisvajanje. Da bi se bavio eksploatatorskom proizvodnjom, potencijalni eksploatator mora najpre prisvojiti sredstva proizvodnje, a da bi prisvojena sredstva proizvodnje mogao koristiti i reprodukovati, mora prisvojiti i samog proizvođača. I pošto sve to čini radi prisvajanja tuđeg rada, prisvajanje se javlja kao polazna i završna tačka celokupnog procesa eksploatatorske proizvodnje i na njoj zasnovane društvene reprodukcije.

Eksploatatorska proizvodnja kao osnova prisvajanja

Upotrebna vrednost radne snage proizvođača je u mogućnosti proizvodnje, zbog čega se smisao njenog prisvajanja svodi na proizvodnu upotrebu, bez koje ne može svom vlasniku biti ni od kakve koristi. Izvan proizvodnog procesa ona može biti samo od štete jer povlači neproizvodne troškove izdržavanja, pa je u interesu poslodavca da je, sve dok mu je na raspolaganju, maksimalno upošljava.

Ali i maksimalno upošljavanje radne snage može za poslodavca biti od koristi samo ako ona proizvodi više nego što je potrebno za njeno izdržavanje. Prisvajanje tuđeg rada moglo se pojaviti zapravo tek kada je proizvođač počeo proizvoditi nekakav višak iznad minimuma neophodnog za prosto reprodukovanje njegove životne egzistencije. A čim se takav višak pojavio, javile su se i težnje za njegovim prisvajanjem, čija je ostvarivost objektivno omogućena njegovom otuđivošću.

Zbog potencijalne otuđivosti proizvoda ljudskog rada, tendencije njihovog prisvajanja i društvene koncentracije javljale su se već prilikom nastajanja prvih proizvodnih viškova bez kojih se mogla održavati životna egzistencija proizvođača. Razume se da su prisvajanja vršili uglavnom oni koji su u prvobitnim ljudskim zajednicama zauzimali za to najpovoljnije pozicije, kao što su plemenske poglavice, starešine porodičnih domaćinstava i njima slični, dok se najzad na višem nivou proizvodnih snaga društvo nije pocepalo na jasno izdiferencirane klase obezvlašćenih proizvođača i njihovih povlašćenih gospodara.

Kao tvorac otuđive ekonomske vrednosti, proizvodni rad u samom sebi skriva tendenciju takve polarizacije jer je upravo zbog same otuđivosti po svojoj prirodi podložan eksploataciji. Čim se neki proizvod može otuđiti od proizvođača, to je dovoljan uslov da se on od nekoga može i prisvojiti, i da eksploatacija kao proces prisvajanja može otpočeti.

Da bi se taj proces odvijao, proizvođač treba ne samo da je sposoban da proizvodi više, već mora proizvoditi više nego što je potrebno za njegovo izdržavanje jer je objekt stvarnog prisvajanja upravo sam višak proizvoda. A da li će on to činiti, ne zavisi samo od njega, već i od njegovog eksploatatora, i pre svega od njihovog međusobnog odnosa koji u procesu proizvodnje i raspodele dobijenog proizvoda uspostavljaju.

Taj odnos je nužno antagonistički jer svaka strana nastoji da za sebe prisvoji što više, a kad od ograničenog proizvoda jedna strana dobije više, druga mora dobijati manje. Pošto u tom sukobu dominira, poslodavac je u poziciji da ceo višak proizvoda prisvaja za sebe, ali o njegovoj veličini mora sam brinuti, i koliko će iz angažovane radne snage izvući zavisi pre svega od toga kako će je u procesu proizvodnje upotrebiti.

S obzirom da je veličina potrebnog proizvoda koji mora pripasti proizvođaču, objektivno uslovljena njegovim biološkim potrebama, dve su mogućnosti da se višak proizvoda poveća u korist poslodavca. Jedna je da se poveća radno vreme iznad vremena koje iziskuje proizvodnja potrebnog proizvoda (tzv. apsolutni višak), a druga da se podizanjem produktivnosti skraćuje potrebno radno vreme tako da se ista količina potrebnog proizvoda proizvodi za kraće vreme, a povećani ostatak vremena upotrebi za stvaranje viška proizvoda (tzv. relativni višak).

Skraćivanjem potrebnog radnog vremena automatski se povećava višak vremena, i to ne samo kad ukupno radno vreme ostaje nepromenjeno već i kad se ono skraćuje sporije od potrebnog vremena. Samim tim prisvajanje tuđeg rada povećava se na račun sve manjeg "prisvajanja" sopstvenog rada, što privatnog poslodavca podstiče na sve veću mehanizaciju i automatizaciju proizvodnog procesa.

Ali to je put koji istovremeno vodi ka ukidanju svakog prisvajanja jer kad iz neposredne proizvodnje nestane ljudskog rada, onda se više nema šta prisvajati. Pošto se mehanizacijom i automatizacijom proizvodnje proizvodni rad zamenjuje stvaralačkim radom, smanjuje se ne samo potrebno, već i ukupno radno vreme proizvođača, pa ukoliko se smanjuje "prisvajanje" sopstvenog rada, utoliko dolazi do apsolutnog smanjivanja tuđeg rada. A čim potrebno radno vreme neposrednog proizvođača padne na nulti nivo, automatski na isti nivo pada i višak radnog vremena, te sa prestankom "prisvajanja" sopstvenog, mora automatski prestati i prisvajanje tuđeg rada.

Kako se prisvajanje zasniva na eksploataciji, ono se neizbežno smanjuje sa smanjivanjem eksploatacije, čiji maksimum odgovara maksimalnom intenzitetu rada u maksimalnom radnom vremenu eksploatisanog proizvođača. Taj maksimum dostignut je već u robovlasništvu

24

kada je proizvođač bio pod apsolutnom vlašću svog gospodara, koji je iz njega mogao iscediti poslednju kap znoja, ali je održavan sve do industrijskog najamništva kada je šesnaestočasovno radno vreme praktično apsorbovalo celokupnu životnu aktivnost industrijskog radnika.

Maksimalna eksploatacija pretpostavlja maksimalnu vlast poslodavca nad eksploatisanim proizvođačem, koja je u različitim oblicima eksploatacije samo na različite načine ostvarivana. Svojim nametima feudalac je iz kmeta mogao isterivati čak i veću rentu nego robovlasnik iz roba, a kapitalista iznajmljenu radnu snagu iskorišćava do maksimalne isplativosti.

Napuštanje maksimalne eksploatacije otpočelo je uglavnom onda kada ona više nije davala maksimalne proizvodne efekte i kada se usled tehnološkog napretka i stavaranja tržišnih rezervi radne snage, rad u dnevnim smenama više isplaćivao. A sa smanjivanjem eksploatacije, relativno je smanjivano i prisvajanje tuđeg rada iako je ono apsolutno povećavano jer to što je skraćivanjem radnog vremena gubio na eksploataciji pojedinačne radne snage, poslodavac je višestruko nadoknađivao eksploatacijom većeg broja odmornijih radnika u neprekidnim radnim smenama. I kad je za radnika smanjen na osam časova, za poslodavca je radni dan na taj način povećan i do maksimalna 24 časa.

Time je konačno izbijeno na pravi put svojinske depolarizacije, na kojem će se radno vreme za proizvodnog radnika sve više smanjivati a da se za poslodavca više ne može povećavati, dok na kraju i za jednog i za drugog ne bude zamenjeno radnim vremenom automatizovanih robota. Svi činioci proizvodnje biće time stavljeni na slobodno raspolaganje svim potencijalnim korisnicima jer prisvajanje više neće predstavljati nužan uslov njihovog korišćenja.

Prinuda kao sredstvo eksploatacije i prisvajanja

Proizvodnja je po svojoj prirodi prinudna delatnost jer čovek ne proizvodi zato što želi već zato što mora; ne proizvodi što mu se proizvodi već radi proizvoda kojim zadovoljava nužne životne potrebe; i ne proizvodi iz zadovoljstva nego iz nužde. A ukoliko ne proizvodi za sebe nego za drugoga, prinudnost proizvodne delatnosti se multiplikuje jer se pored prirodne nužde ona mora obavljati i pod društvenom prinudom.

Kad proizvodi za drugoga, proizvođač ne može biti zainteresovan ni za samu proizvodnju ni za proizvode svog rada, zbog čega je spoljašnja prinuda neizbežno sredstvo koje ga na proizvodnu aktivnost može privoleti. Pomoću društvene prinude on se mora i dovesti u poziciju eksploatisanog objekta i primoravati da radi za svog eksploatatora.

Način prinude određen je, u osnovi, načinom proizvodnje. Kao glavna pogonska snaga naturalne proizvodnje, fizička sila je istovremeno glavni oslonac eksploatacije i prisvajanja u takvoj proizvodnji. Rob je pomoću fizičke sile i porobljavan i pokoravan, a sila je i u vezivanju kmeta za zemlju igrala odlučujuću ulogu. Robovlasnički način proizvodnje je neposredno počivao ne samo na fizičkoj sili već i na fizičkoj prinudi roba.

Što je proizvodna fizička snaga kmeta više posredovana prirodnim silama i savršenijim sredstvima rada, to je i neposredna fizička prinuda kao sredstvo eksploatacije sve više zamenjivana posredovanom društvenom prinudom. Uvođenjem naturalne i novčane rente neposredna prinuda u procesu proizvodnje potpuno je zamenjena društvenom prinudom izvan proizvodnog procesa.

Zamena naturalne proizvodnje robnom proizvodnjom zahtevala je u ostvarivanju eksploatacije i prisvajanja, i zamenu fizičke prinude ekonomskom prinudom. Proizvođač više nije morao biti silom prisvajan i podvrgavan eksploataciji, već je svoju radnu snagu sam otuđivao i svojevoljno je stavljao na raspolaganje svom poslodavcu da bi je on u procesu proizvodnje po sopstvenoj volji iskorišćavao. Fizička prinuda bila je još neophodna samo ukoliko je u proizvodnom procesu dominirala fizička snaga proizvođača, a ukoliko je ona zamenjivana mehaničkom snagom, i fizička prinuda je morala biti zamenjivana ekonomskom stimulacijom jer se umni napor koji zahteva mehanizovana i automatizovana proizvodnja ne može fizičkom prisilom iznuđivati.

Prelazak sa fizičke prinude na ekonomsku prinudu pretpostavljao je radikalne promene ne samo proizvodnih tehnologija već i svojinskih odnosa. Oslobađanje od proizvodnih stega u kojima je fizičkom aktivnošću proizvođača potiskivana njegova duhovna aktivnost, nije bilo moguće bez istovremenog oslobađanja od svojinskih okova u kojima je svojinskom objektivizacijom prigušivan svojinski subjektivitet proizvođača.

Kao gola fizička snaga lišena proizvodne inicijative, rob je bio puki svojinski objekt bez samostalnog raspolaganja i najneophodnijim sredstvima sopstvene egzistencije, dok je proizvodna inicijativa kmeta zahtevala odgovarajuću samostalnost u raspolaganju ne samo potrebnim proizvodom već i proizvodnim sredstvima. Da bi obavljao svoju funkciju u reprodukovanju proizvodnog kapitala, najamni radnik mora samostalno raspolagati svojom radnom snagom, što mu omogućava da se sa poslodavcem bar u njenom razmenjivanju ravnopravno nosi, dok potrebe same reprodukcije kapitala zahtevaju da on sve više učestvuje u raspolaganju ne samo ukupnim sredstvima proizvodnje već i ukupnim proizvodom.

Sasvim je protivrečna pojava da se u savremenoj proizvodnji sve veće prisvajanje može vršiti samo uz sve veće ograničavanje svojine jer nema drugog načina da se proizvođač privoli na veću proizvodnju bez jačanja njegovih svojinskih pozicija, što je nepobitni dokaz da opšte desvojinizacije ne može biti bez opšte svojinizacije. Od svojinske motivacije nema jače prinude koja proizvođača može privoleti na maksimalnu proizvodnju, a maksimalizacija proizvodnje je nezaobilazni put za njegovo oslobađanje i od proizvodnih i od svojinskih okova.

Svojinizacija je kao pretpostavka eksploatatorske proizvodnje, zahtevala spolja nametnutu fizičku prinudu nad eksploatisanim proizvođačem. Desvojinizacija kao pretpostavka prevazilaženja eksploatatorske proizvodnje, zahteva iznutra diktiranu ekonomsku prinudu, ili

27

samoprinudu. Krajnji rezultat može biti samoukidanje svake eksploatacije, svakog prisvajanja i svake prinude kao proizvodnog odnosa, koje, po prirodi stvari, proističe iz ukidanja same proizvodnje kao neposredne ljudske delatnosti.

PRISVAJANJE I ROBNA RAZMENA

Prisvajanje i ekvivalentna razmena

Prvobitni smisao robne razmene je zamena upotrebnih vrednosti. Stoga je ona u ekonomskom pogledu nastajala kao ekvivalentna razmena pri kojoj su razmenjivani proizvodi iste ekonomske a različite upotrebne vrednosti. Potreba svake strane bila je u potpunosti zadovoljena ako je u zamenu za proizvod jedne vrste dobila proizvod druge vrste, pri čemu se posebno vodilo računa da u pogledu veličine ekonomske vrednosti nijedna strana ne bude oštećena.

Suvišno je isticati da se pri takvoj razmeni ne vrši prisvajanje tuđeg rada, i da se u suštini ne vrši nikakvo prisvajanje. Određena količina rada u jednom obliku, daje se za istu količinu rada u drugom obliku, tako da ni jedna strana ne gubi nego dobija ono što nema. I s obzirom da je proizvod koji se razmenjuje namenjen za tuđu upotrebu, on se od svog proizvođača u suštini ne otuđuje jer nije ni proizveden kao njegova već kao tuđa upotrebna vrednost; on je njegov samo kao ekonomska vrednost, tojest. kao puko opredmećenje njegovog rada, koje bi se nepovratno otuđilo baš kad ne bi bilo razmenjeno.

Kao proizvodi konkretnog ljudskog rada, upotrebne vrednosti se i ne mogu prisvajati. Na svakom konkretnom proizvodu utisnut je neizbrisivi "žig" njegovog proizvođača, i on ne može biti proizvod ni jednog drugog proizvođača sem onog koji ga je stvarno proizveo. Ali kao predmet za ljudsku upotrebu, on može biti bilo čiji, a čiji će stvarno biti ne zavisi od njegove upotrebne već od njegove ekonomske vrednosti.

Proizvodi ljudskog rada su objekt prisvajanja samo kao nosioci ekonomske, a ne i kao nosioci upotrebne vrednosti (iako je njihova upotreba osnovni smisao prisvajanja) inače bi se prisvajali i toliko nasušni proizvodi prirode kao što su sunčeva svetlost ili vazduh. Uostalom, glavni objekt prisvajanja je novac, koji nema nikakve konkretne upotrebne vrednosti sem mogućnosti pribavljanja bilo koje vrednosti.

Zato se ekvivalentna razmena i prisvajanje međusobno isključuju: ukoliko se ostvaruje ekvivalentna razmena, nema prisvajanja, gde se vrši prisvajanje, tu nema ekvivalentne razmene. Pri ekvivalentnoj razmeni se vrednost proizvoda kao objekta prisvajanja ne otuđuje od svog posednika već, po njegovoj želji, samo menja oblik ne gubeći ništa od svoje veličine. Sama razmena se ne vrši radi prisvajanja već isključivo radi promene upotrebne vrednosti svojinskog objekta.

Stoga ekvivalentna razmena, nasuprot prisvajanju, ne zahteva nikakvu prinudu već se zasniva na potpunoj dobrovoljnosti. Pošto ni jedna strana ništa ne gubi nego dobija ono što joj treba, svaka je zainteresovana da se takva razmena ostvaruje. Društvena prinuda tu može biti potrebna samo kao zaštita od narušavanja ekvivalentne razmene putem kojeg se zapavo vrši prisvajanje tuđeg.

Prisvajanje putem neekvivalentne razmene

Nasuprot ekvivalentnoj razmeni, gde svako dobija tačno toliko koliko daje, prisvajanje zahteva neekvivalentnu razmenu, u kojoj jedna strana dobija više, a druga manje nego što daje, pri čemu jedna može samo za toliko dobiti više za koliko druga dobija manje jer svaka strana dobija isključivo na račun druge. Ovde zapravo vlada princip prisvajanja: sve što se na jednoj strani prisvoji na drugoj se mora otuđiti.

Drugačiji princip ne bi ni odgovarao jer se neekvivalentna razmena i vrši radi prisvajanja. Ako je osnovni smisao ekvivalnetne razmene u zameni upotrebnih vrednosti, osnovni smisao neekvivalentne razmene je uvećanje ekonomske vrednosti razmenskih proizvoda. Na tome zapravo i počivaju prometne delatnosti, za koje je sasvim svejedno kakve se upotrebne vrednosti razmenjuju ako njihov promet donosi unosnu dobit, što je kod bankarstva, koje i ne radi s konkretnim upotrebnim vrednostima, već sasvim evidentno.

Ali neekvivalentna razmena ne vlada samo u prometnim već i u proizvodnim delatnostima, u čijoj je funkciji uostalom i robno-novčani promet. Opšta vladavina svojinskih odnosa sama po sebi zahteva i opštu vladavinu neekvivalentne razmene jer je ona u funkciji njihovog ostvaraivanja. I kao što je privatna svojina osnovni oblik svojine, tako je neekvivalentna razmena kao oblik njenog reprodukovanja, osnovni oblik razmene. Ekvivalentna razmena deluje samo kao istorijska tendencija, čije ostvarenje podrazumeva ukidanje svake razmene, baš kao što ostvarenje istorijske tendencije "prisvajanja" na osnovu sopstvenog rada podrazumeva ukidanje svakog prisvajanja.

Prisvajanje je već u svom embrionu nosilo i klice neekvivalentne razmene kojima je obezbeđivalo sopstveno reprodukovanje. Ko je prvi zaposeo komad plodnije zemlje, taj je obezbedio ne samo da sa manje rada prisvaja više, nego i da u razmeni s onima koji proizvode pod nepovoljnijim uslovima, za proizvode manje vrednosti dobija proizvode veće vrednosti, te da se i na taj način brže bogati. Ali prvobitno je robna razmena bila još ponajbliža ekvivalentnoj razmeni da bi sa razvojem svojinskih odnosa sve više oscilirala oko svoje tendencijske ose.

Te oscilacije odgovaraju promenama u volumenu prisvajanja, koje zapravo izražavaju. Kad se robna razmena vrši radi zamene upotrebnih vrednosti, prisvajanja su slučajna i relativno beznačajna jer svaka strana čas gubi čas dobija, pa su i njima odgovarajuće razmenske oscilacije slučajne i praktično zanemarljive. Ako se, međutim, razmena vrši radi prisvajanja, ono se javlja kao zakonomerna determinanta razmenskih oscilacija koje gravitiraju prema jednoj strani na kojoj se prisvojena vrednost koncentriše.

Strana koja u promet ulazi radi prisvajanja, izvlači iz njega više nego što ulaže, razmenjujući manje za veće vrednosti. Kod čisto robnog prometa to se još ne vidi jer na upotrebnim dobrima nema oznake njihove ekonomske vrednosti, dok je kod novčanog prometa sasvim očigledno pošto se ovde ekonomske vrednosti neposredno razmenjuju. Uz glavnicu, zajmodavcu se iz prometa vraća i kamata, kao čist višak iznad uložene vrednosti, i potpuno je evidentno da on ne dolazi ni sa koje druge strane nego direktno od zajmoprimca koji vraća više nego što je pozajmio.

Celokupni trgovački, finansijski i rentijerski kapital, bez kojih ne bi bilo razvijene robne proizvodnje, počivaju na višku vrednosti koji, zahvaljujući neekvivalentnoj razmeni, pritiče direktno iz robno-novčanog prometa. A pošto se celokupna ekonomska vrednost stvara u proizvodnji, ni taj višak nema odakle drugde priticati nego iz same proizvodnje, što nedvosmisleno govori da je proizvodnja osnovni izvor svih oblika prisvajanja.

Robna razmena i prisvajanje putem eksploatacije

Prisvajanje je, međutim, jedinstven proces društvene reprodukcije jer ne zavisi samo prisvajanje u prometu od prisvajanja u proizvodnji, nego i prisvajanje u proizvodnji zavisi od prisvajanja u prometu. Eksploatatorska proizvodnja kao osnova prisvajanja, ne može bez neekvivalentne razmene isto kao što je neekvivalentna razmena neodrživa bez eksploatatorske proizvodnje.

Neekvivalentnost je u samoj prirodi eksploatatorske proizvodnje i prisvajanja. Kod nasilnog prisvajanja radne snage kao objekta eksploatacije, to je sasvim evidentno jer se tu i ne vrši nikakva razmena pošto se prisvajanje vrši bez ikakve naknade. Trgovina robljem, gde se prisvajanje vrši kupovanjem radne snage već prikriva neekvivalentnost robne razmene, ali je jasno da kupovina roblja ne bi imala nikakvog smisla ako ono svojim radom ne bi donosilo više nego što košta.

Tržišna razmena najamne radne snage već sasvim prikriva svoju neekvivalentnost jer se predstavlja kao ekvivalentna razmena rada u kojoj radnik dobija punu naknadu za svoj rad. Tezom da najamni radnik ne prodaje radnu snagu nego sam rad, politička ekonomija je negirajući neekvivalentnu razmenu negirala i eksploataciju, pa i na njoj zasnovano prisvajanje tuđeg rada, prikazujući privatni kapital kao ličnu, sopstvenim radom stečenu svojinu.

Svojom kritikom političke ekonomije, Marks je iza prividne ekvivalentnosti razotkrio stvarnu neekvivalentnost u razmeni radne snage, kojom se radniku radi reprodukcije radne snage, nadoknađuje samo potreban rad, dok višak rada poslodavac prisvaja bez ikakve naknade. Zato "...*odnos razmene između kapitaliste i radnika - stalno kupovanje i prodavanje radne snage, postaje samo privid koji spada u prometni proces, gola forma, tuđa samoj sadržini...*", a "...*sadržina je da kapitalista jedan deo već opredmećenog tuđeg rada, koji on neprekidno prisvaja bez ekvivalenta, stalno iznova razmenjuje za veću količinu živog tuđeg rada*"[19].

Takva razmena je nužan uslov prisvajanja putem eksploatacije jer kad bi radnik dobijao ekvivalentnu naknadu za svoj rad, onda ne bi bilo ni eksplotacije ni prisvajanja, ali ni bilo kakve razmene radne snage, koja se radi eksploatacije jedino i razmenjuje. Da bi opstao, kapitalista mora ostvarivati višak vrednosti, a da bi ostvarivao višak vrednosti, mora radnu snagu plaćati manje nego što ona zavređuje.

Ali neekvivalentna razmena radne snage je samo uslov stvarnog prisvajanja tuđeg rada, koje se putem eksploatacije vrši u procesu neposredne proizvodnje. Višak vrednosti ne može se prisvojiti samom kupovinom radne snage jer ga njenom upotrebom tek treba stvoriti, i poslodavac ugovorenom najamninom plaća u stvari samo njenu upotrebu, kao što kamatom plaća upotrebu pozajmljenog kapitala, koji proizvodnim angažovanjem tek treba oploditi.

Prisvajanje tuđeg rada može se izvorno vršiti samo na njegovom izvoru, to jest u neposrednom procesu proizvodnje, a svako prisvajanje izvan tog procesa je sekundarno prisvajanje ili preraspodela već prisvojenog. Nikakvo prisvajanje viška vrednosti u obliku trgovinske dobiti, kamate ili rente ne bi bilo moguće da on u procesu svog stvaranja putem eksploatatorske proizvodnje, gde se neposredno otuđuje od proizvođača, nije već prisvojen.

---

[19] *Kapital*, I tom, K. Marks, F. Engels, Dela, tom 21, isto, str. 515

Zato i neekvivalentna razmena proizvoda ljudskog rada proističe iz neekvivalentne razmene samog proizvođača koji te proizvode stvara. I što je neekvivalentnost veća u procesu stvaranja proizvoda, veća je i u procesu njihovog prometa, tako da prometne delatnosti, zasnovane na neekvivalentnoj razmeni, nisu kao posebne delatnosti mogle ni nastati dok proizvodnja viška proizvoda nije dostigla određeni nivo.

Neekvivalentnost robne razmene može se povećati samo do nivoa maksimalne eksploatacije, kad sa njenim nestajanjem počinje uspostavljanje ekvivalentne razmene. Što veći deo proizvoda ostaje u posedu proizvođača, to se i u primarnom i u sekundarnom prisvajanju smanjuje učešće svih prisvajača viška proizvoda, pa se sa smanjivanjem neekvivalentne razmene radne snage smanjuje i neekvivalentnost ukupne robne razmene; neekvivalentna razmena se u svim sferama reprodukcije istovremeno pretvara u ekvivalentnu razmenu, koja znači kraj svake razmene.

Sa prestankom eksploatacije prestaće neekvivalentna, ali i svaka razmena radne snage, koja bez eksploatacije nije ni moguća, a kad prestane razmena radne snage prestaće i svaka robna razmena. Ekvivalentnost je samo suština i princip stvarno neekvivalentne robne razmene, čijim ostvarivanjem prestaje sama razmena.

Robna razmena je sameravanje ekonomskih vrednosti nedovoljno proizvedenih upotrebnih vrednosti. U izobilnoj automatizovanoj proizvodnji ekonomski bezvrednih upotrebnih vrednosti nema se više šta sameravati. Ostaje samo mehanizovana proizvodnja upotrebnih vrednosti, koja je već u svom robnom obliku iz proizvodnje za sebe transformisana u proizvodnju za drugog. Kompleksnom automatizacijom se robna proizvodnja potpunim oslobađanjem od neposredne ljudske aktivnosti, iz proizvodnje ekonomske vrednosti za sebe a upotrebnih vrednosti za drugoga u potpunosti transformiše u proizvodnju za drugoga, čime se u tom pogledu izjednačava sa slobodnim stvaralaštvom koje je pored ostalog slobodno i zbog toga što se ne razmenjuje nego svima stavlja na neograničeno raspolaganje.

34

PROIZVODNJA I DRUŠTVENA RASPODELA

Prisvajanje kao društvena raspodela

Prisvajanjem se vrši društvena raspodela svojinskih objekata, putem koje se oni stavljanjem u posed jednih, izuzimaju iz poseda drugih pripadnika društvene zajednice. Za razliku od proste tehničke raspodele, iza koje ne stoji nikakva društvena garancija, društvena raspodela se zapravo i ostvarauje putem prisvajanja, kojim se stiče društveno zagarantovano pravo raspolaganja prisvojenim objektima raspodele.

I osnovni oblici društvene raspodele određeni su u suštini osnovnim oblicima prisvajanja, tako da se raspodela prema svojinskom monopolu zasniva na prisvajanju tuđeg, a raspodela prema radu na "prisvajanju" sopstvenog rada. Stoga samo raspodela prema svojinskom monopolu predstavlja stvarnu društvenu raspodelu, baš kao što je samo prisvajanje tuđeg rada stvarno prisvajanje jer se raspodela prema radu praktično vrši samim radom, pa kad ne bi bila ugrožena prisvajanjem tuđeg rada, neka društvena garancija joj ne bi bila ni potrebna.

Glavno sredstvo društvene garancije za raspodelu je kao i za prisvajanje, društvena prinuda. Udeo u raspodeli relativno oskudnog društvenog imetka kojim se ne mogu slobodno podmirivati životni prohtevi, može se obezbeđivati samo društvenom prinudom kojom se iznuđuje poštovanje određenih normi raspodele. U naturalnoj proizvodnji ostvarivanje tih normi oslanja se prvenstveno na nasilnu, a u robnoj proizvodnji prvenstveno na ekonomsku prinudu.

Raspodela na osnovu prisvajanja tuđeg rada ne može se vršiti bez društvene prinude jer se sopstvenog rada, sem u nekom vlastitom interesu, niko dobrovoljno ne odriče. Nasuprot tome, prinuda je za sprovođenje raspodele prema radu, gde nema nikakvog odricanja, izlišna, a ukoliko je potrebna primenjuje se u sasvim suprotnoj funkciji zaštite od prisvajanja tuđeg rada jer se raspodela prema radu i ostvaruje jedino kao antipod i neodvojiva suprotnost raspodele prema svojinskom monopolu.

Društvena raspodela je u stvari samo pojavni oblik prisvajanja, koji se stoga i menja u skladu sa menjanjem svojinskih odnosa. Dok još nije bilo prisvajanja nije moglo biti ni društvene raspodele, i sve što je zajednički pribavljano, zajednički je i trošeno. Prisvajanjem je vršena koncentracija društvenog bogatstva na jednoj, i društvene bede na drugoj strani, koja je pored podele društvenog proizvoda na potreban proizvod i višak proizvoda, podrazumevala i veliku polarizaciju društvene zajednice na eksploatatore i eksploatisane.

Koncentracija društvenog bogatstva u rukama malobrojnih posednika mogla je se vršiti samo putem raspodele po osnovu svojinskog monopola. Dok su prvobitna "prisvajanja" vršena pretežno na osnovu sopstvenog rada, takve koncentracije nije moglo biti jer je celokupan proizvod "raspodeljivan" na sve proizvođače, ili bolje reći stvarne društvene raspodele još nije ni bilo pošto je svako za sebe zadržavao sve što je proizveo.

Stvarana raspodela društvenog proizvoda otpočinje praktično tek sa prisvajanjem tuđeg rada, kada se višak proizvoda počinje odvajati od potrebnog proizvoda i koncentrisati u rukama sve manjeg broja posednika, po principu da se veći posedi više i uvećavaju, tako da bogati postaju sve bogatiji a siromašni sve siromašniji. Takva raspodela vodila je u sve veću centralizaciju društvenog bogatstva sa tendencijom njegove koncentracije u posedu jedinstvenog univerzalnog vlasnika.

Zato društvena raspodela nije u suštini značila rasparčavanje i usitnjavanje, već objedinjavanje i ukrupnjavanje svojinskih poseda, pa se ni svojinski odnosi nisu razvijali u pravcu dezintegracije već u pravcu sve veće integracije svojine. Rezultat takvog razvoja je da su od malih i međusobno izolovanih plemenskih poseda nastali veliki i nerazdvojno povezani nacionalni i multinacionalni posedi, koji se sve više stapaju u nedeljivi svetski posed.

U uslovima naturalne proizvodnje raspodela i koncentracija društvenog bogatstva vršeni su pomoću fizičke prinude, naročito ratnim osvajanjima, kojima su od malih državica stvarane velike imperije. Sa

36

prerastanjem naturalne proizvodnje u robnu proizvodnju fizička prinuda je sve više zamenjivana ekonomskom prinudom, pa je i klasični kolonijalizam, oslonjen na fizičko nasilje, zamenjivan neokolonijalizmom, koji se oslanja na ekonomsku dominaciju.

Ekonomska prinuda vrši se pre svega putem tržišne konkurencije, kojom se potreban proizvod svodi na egzistencijalni minimum proizvođača, a višak proizvoda sliva u posede najmoćnijih posednika. U bespoštednoj tržišnoj utakmici jedni, dobijajući više nego što daju, uvećavaju svoje bogatstvo, dok drugi, dajući više nego što dobijaju, gube i ono što su imali.

Ukoliko se ekvivalentnom razmenom prisvajanje tuđeg rada preobraća u "prisvajanje" sopstvenog rada, utoliko i raspodelu prema svojinskom monopolu zamenjuje raspodela prema radu. Time se praktično vrši prevazilaženje društvene raspodele, koja se iz podele društvenog proizvoda na posebne i međusobno suprotstavljene društvene grupe transformiše u njegovu tehničku distribuciju prema radnom doprinosu, koji i za pojedinačne učesnike u društvenoj reprodukciji predstavlja varijabilnu veličinu. A ukoliko se umesto relativne oskudice ostvaruje izobilje životnih sredstava, i takva distribucija postaje suvišna i besmislena.

Prisvajanje i raspodela osnovnih činilaca proizvodnje

Prisvajanje osnovnih činilaca proizvodnje podrazumeva njihovu društvenu raspodelu na različite prisvajače. A takva raspodela znači razdvajanje proizvodnih činilaca ne samo na različite posednike već i međusobno, tako što se oni polarizuju i jedni drugima suprotstavljaju, pa je u jedinstvenom proizvodnom procesu potrebno njihovo povezivanje u jedinstvenu celinu. Osnovu tog razdvajanja čini razdvajanje proizvođača i materijalnih činilaca proizvodnje, u prvom redu osnovnih sredstava rada. To razdvajanje moglo je biti izvršeno samo putem otuđivanja proizvodnih sredstava od proizvođača i njihovog prisvajanja od strane neproizvođača. Dok još nije bilo prisvajanja sredstva proizvodnje su bila sjedinjena s proizvođačem, pa su stoga i sama funkcionisala kao nedeljivi proizvodni činilac, koji su pripadnici prvobitne ljudske zajednice zajednički upotrebljavali i koristili.

Prisvajanjem su proizvođači i materijalna sredstva proizvodnje razdvojeni, polarizovani i međusobno suprotstavljeni. Kao proizvod otuđenog rada, sredstva proizvodnje su se u suštini reprodukovala kao opredmećeno otuđenje samog proizvođača, kao opredmećeni i živom proizvođaču suprotstavljeni proizvođač. A pošto je živi proizvođač u funkciji reprodukovanja proizvodnih sredstava, ona mu nisu samo suprotstavljena nego su mu i funkcionalno nadređena tako što sa njim čine nedeljivu celinu van koje se ni jedna strana suprotnosti ne bi mogla održati.

Stoga je uz prisvajanje proizvodnih sredatava moralo ići i prisvajanje proizvođača kao neizostavnog činioca njihovog reprodukovanja i ukupnog proizvodnog procesa. Jedinstvenim vlasništvom na suprotstavljenim proizvodnim činiocima obezbeđivano je zapravo jedinstvo kontinuiranog proizvodnog procesa kao nepresušnog izvora kontinuiranog prisvajanja.

Bez zemljoradnika kao glavne proizvodne snage, zemlja kao glavno sredstvo naturalne proizvodnje, ne samo što ne bi mogla proizvoditi nikakve predmete za prisvajanje nego ni sama ne bi predstavljala nikakav objekt prisvajanja. Stoga su robovlasništvo i zemljovlasništvo predstavljali nerazdvojne komponente prvobitnog privatnog vlasništva, koje su u feudalnom posedu, gde je zemljoradnik postao neodvojivi deo zemljišnog poseda, dostigle još viši nivo svojinske integracije.

Najvišem stepenu svojinske podvojenosti proizvodnih sredstava i proizvođača odgovara u robnoj proizvodnji i najviši stepen njihove svojinske integracije. Najamni radnik je suvereni vlasnik svoje radne snage samo kao sastavni deo privatnog kapitala, koji se može reprodukovati i proizvodnu funkciju ostvarivati samo kao organska celina svojih sastavnih činilaca - postojanog i promenljivog kapitala.

38

Sa svojinskim povezivanjem proizvodnih sredstava i proizvođača vršeno je istovremeno i svojinsko povezivanje njihovih privatizovanih i međusobno suprotstavljenih delova. Relativno najmanje suprotstavljeni robovlasnički posedi su u robovlasničkim državnim zajednicama i relativno najmanje povezani, dok su oštrije suprotstavljeni srednjovekovni feudi vazalnim odnosima čvršće integrisani u centralizovano feudalno vlasništvo.

Robnom proizvodnjom društvena podela proizvodnih činilaca dovodi se do krajnje svojinske individualizacije, ali upravo zbog toga, i radi toga, oni se više no ikada integrišu u jedinstvenu svojinsku celinu izvan koje ne mogu ostvarivati proizvodnu funkciju. Pojedinačni proizvodni, trgovinski, finansijski i rentijerski kapitali su međusobno do te mere povezani da jedan bez drugog ne bi uopšte mogli ni funkcionisati niti se reprodukovati. Stoga se individualno raspolaganje najamnom radnom snagom može ostvarivati samo kroz kolektivno raspolaganje i u integraciji sa raspolaganjem privatnim kapitalom.

Kao osnova robne proizvodnje, kapital je glavna integrativna snaga odgovarajućih proizvodnih činilaca, koji su u stvari činioci njegovog reprodukovanja. A ukoliko neposrednom osnovom proizvodnje postaje ljudsko znanje, problem integracije proizvodnih činilaca više se i ne postavlja pošto je ono objektivno neprisvojivo i stoga društveno nedeljivo, pa je integrativnost proizvodnih činilaca inherentna samom proizvodnom procesu.

Pošto se automatizacijom, na bazi objektiviziranog znanja, ljudska radna snaga potiskuje iz proizvodnog procesa, samim tim se ukida i podela proizvodnih činilaca na proizvođače i materijalna sredstva proizvodnje, čime se sa dnevnog reda skida i pitanje njihove integracije. A ukoliko se ukida podela na proizvođače i materijalna sredstva proizvodnje, ukida se i svojinska podela samih materijalnih sredstava, koja se svim potencijalnim korisnicima stavljaju na slobodno raspolaganje.

Prisvajanje i raspodela proizvoda

Prisvajanje i raspodela proizvoda u osnovi su određeni prisvajanjem i raspodelom proizvodnih činilaca, što je i razumljivo jer ne samo što proizvod proističe iz proizvodnih činilaca, nego služi i za njihovu reprodukciju, koja se zapravo njegovim funkcionalno-namenskim raspodeljivanjem obezbeđuje. Da bi se imalo šta raspodeljivati, mora se proizvoditi, a da bi se moglo proizvoditi, raspodela se mora vršiti prvenstveno prema potrebama proizvodnje.

Da bi proces proizvodnje kontinuirano tekao, proizvodni činioci se moraju stalno obnavljati iz proizvoda koji oni svojim funkcionisanjem u proizvodnom procesu daju. A da bi se proizvodnja razvijala, mora se u proizvodne činioce iz dobijenog proizvoda investirati i više nego što se u njegovu proizvodnju ulaže, i to srazmerno udelu koji ti činioci u stvaranju proizvoda imaju, tako da je i namenska struktura raspodele u osnovi određena proizvodnim potrebama.

Zato onaj ko raspolaže proizvodnim činiocima mora raspolagati i proizvodom, i samo onaj ko raspolaže proizvodom može raspolagati i proizvodnim činiocima. Bez obzira ko je stvarni ili legitimni vlasnik, vlasništvo na proizvodnim činiocima ne može se odvojiti od vlasništva na proizvodu, kojim se mora podmirivati ukupna reprodukcija kako radne snage tako i materijalnih činilaca proizvodnje.

Ukoliko se raspodela vrši prema radu, moraju i proizvod i sredstva proizvodnje pripadati proizvođaču koji, takođe, pripada samome sebi. A ukoliko se raspodela vrši prema svojinskom monopolu, vlasniku proizvodnih sredstava izvorno pripada i onaj deo proizvoda koji služi za reprodukciju proizvođača jer mu pripada i sam proizvođač. Proizvođač je ovde faktički na izdržavanju, baš kao što su sredstva proizvodnje na održavanju, kod svog vlasnika.

Kod robovlasništva, robovlasnik roba bukvalno kao tegleću marvu izdržava sredstvima koja isključivo njemu pripadaju, ali i vlasnik feuda ostavlja kmetu od ukupnog proizvoda onoliko koliko za njegovo samoizdržavanje sam smatra dovoljnim. Samo prividno izgleda da se najamni radnik već oslobodio takvog dušebrižništva jer najamnina koju prima fungira u prometu kao sastavni deo poslodavčevog kapitala, baš kao što u procesu proizvodnje i sam fungira kao živi deo tog istog kapitala. Formalno-pravno vlasništvo koje najamni radnik stiče je, međutim, prvi veliki iskorak proizvođača ka stvarnom vlasništvu na sopstvenom radnom snagom, i istovremeno ka ukidanju svakog vlasništva i svake raspodele.

U tom pravcu vodi sam razvoj proizvodnje jer ukoliko raste produktivnost rada, smanjuje se relativno učešće proizvođača u raspodeli ostvarenog proizvoda, a ukoliko on, oslobađanjem od neposredne proizvodnje, prestaje biti proizvođačem, smanjuje se i njegov apsolutni udeo u proizvodu, dok se na kraju, pri potpunoj automatizaciji, sasvim ne anulira. I čim prestane raspodela ostvarenog proizvoda na osnovne činioce proizvodnje, prestaje svaka raspodela i prema radu i prema svojinskom monopolu. Sa zamenjivanjem proizvodnog rada stvaralačkim radom, društvena raspodela i prisvajanje zamenjuju se slobodnim raspolaganjem društvenim proizvodom od strane slobodnih stvaralaca.

Pošto je u osnovi određena raspodelom proizvodnih činilaca, i raspodela proizvoda se u osnovi vrši prema njihovom organskom sastavu tako što ekonomsko-vrednosni odnosi tih činilaca određuju i odnose raspodele. Zbog svojinskog karaktera, društvena raspodela dobijenog proizvoda ne vrši se prema stvarnom doprinosu koji proizvodni činioci daju njegovom stvaranju, već prema njihovim ekonomskim vrednostima sa kojima ulaze u proizvodni proces, a čim se počne vršiti prema doprinosu, ona počinje gubiti i svojinski i društveni karakter.

Zato je u svim istorijskim oblicima društvene raspodele, udeo proizvođača u ostvarenom proizvodu ostajao na nivou egzistencijalnog minimuma jer njegova ekonomska vrednost kao proizvodnog činioca nije određivana količinom rada koji je u taj proizvod uložio, već koji je potreban za održanje gole egzistencije, dok je udeo vlasnika proizvodnih sredstava povećavan sa povećavanjem njihove vrednosti određene ukupnom količinom uloženog rada. A pošto je sa razvojem proizvodnje za golu reprodukciju radne snage potrebno sve manje rada, "... *radnik postaje utoliko siromašniji ukoliko proizvodi više bogatstva...*", postajući "... *utoliko jeftinija roba ukoliko stvara više robe*"[20].

To može ići samo dotle dok radnik u proizvodnom procesu figurira kao fizička snaga, a čim počne figurirati kao kreativna intelektualna snaga, njegovo učešće u raspodeli ostvarenog proizvoda mora početi da se određuje prema radnom doprinosu umesto prema vrednosti radne snage. Količinu rada potrebnog za golu fiziološku reprodukciju, mora kao merilo raspodele zameniti ukupna količina uloženog rada.

Čista raspodela prema radnom doprinosu moguća je, međutim, samo kao istoriski cilj i društveni ideal, sa čijim ostvarivanjem prestaje svaka raspodela, baš kao što s ostvarenjem "prisvajanja" na osnovu sopstvenog rada prestaje svako prisvajanje. A na putu ka slobodnom raspolaganju društvenim proizvodom moraju kao merila njegove raspodele služiti ukupna ulaganja, kako živog rada tako i materijalnih sredstava bez obzira da li su ova stečena sopstvenim ili tuđim radom.

[20] K. Marks, F. Engels, *Rani radovi*, "Kultura", Zagreb, 1953, str. 197

II

SVOJINSKI SUBJEKTIVITET I SVOJINSKI OBJEKTIVITET

SUBJEKT I OBJEKT SVOJINE

Ako je podmirivanje ljudskih potreba, u funkciji reprodukovanja životne egzistencije pojedinaca i pojedinih društvenih skupina, osnovni smisao prisvajanja, prisvajanje nečega što ne bi služilo ničemu i nikome ne bi imalo nikakvog smisla niti bi pobuđivalo bilo kakav i bilo čiji interes za prisvajanje. Interes da se zadovolji neka potreba je zapravo osnovni i neizostavni motiv svakog prisvajanja.

To podrazumeva da se u poziciji **svojinskog objekta** može naći sve što može poslužiti zadovoljavanju ljudskih potreba i ništa što ne može biti u toj funkciji. Ali ništa nije a priori predodređeno ni da bude ni da ne bude objekt prisvajanja, jer sve zavisi od konkretnih ljudskih potreba, koje, po svemu sudeći, nemaju krajnjih granica, pa se prisvajati može i samo prisvajanje.

S obzirom da se, zbog toga, u poziciji objekta prisvajanja može naći i sam prisvajač, polarizacija na svojinski objekt i svojinski subjekt je, kao i svaka druga polarizacija, relativna jer ne samo što svaki subjekt može biti i objekt prisvajanja, i obratno, nego je u određenom smislu svaki subjekt **istovremeno** i objekt, a svaki objekt i subjekt prisvajanja. I to nije neka transcendentna, već imanentna relativnost koja proističe iz same prirode svojinskih odnosa.

Kao predmet eksplatacije, proizvođač je istovremeno i objekt i subjekt prisvajanja, što je u slučaju najamnog radnika, ne samo s ekonomskog već i sa pravnog stajališta, sasvim očigledno. Iako je primordijalno objekt prisvajanja, najamnik najpre istupa kao svojinski subjekt koji prodajući svoju radanu snagu stupa sa poslodavcem u ravnopravan ugovorni odnos, ali samim tim činom on se iz subjekta pretvara u objekt prisvajanja sudelujući u njemu kao akter sopstvenog otuđivanja. S otuđivanjem njegovog rada otuđuje se i njegov svojinski subjektivitet koji se preko otuđenog proizvoda pretvara u subjektivitet nekog drugog vlasnika, čime se njegov stvarni subjektivitet preko najamnine svodi na raspolaganje samo jednim delom vlastitog proizvoda.

Pošto se svojinski subjektivitet proizvođača zajedno sa njegovim radom ispoljava i objektivizira u otuđenom proizvodu, taj otuđeni proizvod se primordijalno javlja kao neposredni nosilac otuđenog svojinskog subjektiviteta, te se prema svom vlasniku ne pojavljuje samo kao svojinski objekt već i kao svojinski subjekt, tako da nije samo on pod vlašću svog vlasnika, nego je i vlasnik pod **njegovom** vlašću, pa se "... *danas sve više pretvaramo u sluge stroja koji smo bili stvorili da bi nam služio, i to činimo mislima i djelom*"[21]. Primordijalnost objektiviziranog subjektiviteta otuđenog vlasništva ogleda se pre svega u tome što ono postoji nezavisno od konkretnih vlasnika jer je sasvim svejedno ko mu je konkretni vlasnik, dok ni jedan konkretni vlasnik ne postoji nezavisno od svog vlasništva jer je neko vlasnik zapravo samo utoliko ukoliko raspolaže nekakvim vlasništvom. Stoga, kako kaže E. From, "... *subjekt nisam ja, već ono što imam ...*" jer "... *moje vlasništvo konstituira mene i moj identitet*"[22].

Svaki živi vlasnik je do te mere zavisan od vlasništva da bez njega ne bi postojao ne samo kao vlasnik već ni kao živi stvor, a sva društvena moć koju su pojedinci i pojedine ljudske skupine do sada posedovali, proisticali su prvenstveno iz moći njihovog poseda. Zato nisu samo rob i kmet robovali svome gospodaru, već je i njihov gospodar robovao svome posedu, kojeg je, da bi opstao, morao stalno održavati i uvećavati, i koji je stoga vladao njime kao što je on vladao svojim podanicima. I ako je, kako kaže Karl Rener, "... *društvo dalo pojedincima pravo da raspolažu telesnim stvarima - sada telesna stvar vlada pojedincima, radnom snagom, samim društvom, postaje vrhovni društveni autoritet i regulator rada, zakon po kome se društvo snabdeva i razmnožava*"[23].

Ta vladavina vlasništva, i nad povlašćenim proizvođačima i nad samim vlasnicima, dostiže svoju kulminaciju u krupnom kapitalu, koji

---

[21] John Henneth Galbraith, *Nova industrijska država*, "Stvarnost", Zagreb, 1970, str. 20

[22] *Imati ili biti?*, "Naprjed", Zagreb, 1979, str. 115-116

[23] *Socijalna funkcija pravnih instituta*, "Kultura", Beograd, 1960, str. 165

u žrtve svoje reprodukcije pretvara i najamne radnike i kapitaliste da bi samog sebe pretvorio u vrhovnog samovlasnika koji pod svoju neprikosnovenu vlast stavlja sve žive vlasnike. Koncentracijom i centralizacijom kapitala ne samo što se od relativno slobodnih proizvođača stvara sve brojnija armija proletera, nego se kroz bespoštednu konkurenciju privatnog vlasništva lišava i sve veći broj kapitalista.

Time se **subjektivno vlasništvo**, zasnovano na svojinskim pravima fizičkih lica, sve više pretvara u **objektivno vlasništvo**, koje se zasniva na svojinskim pravima pravnih lica, tako da se umesto stroge polarizacije svojinskog objekta i svojinskog subjekta vrši njihova ponovna depolarizacija. U embrionalnom obliku svojine svojinski objekt i svojinski subjekt nisu, naime, bili polarizovani, jer je svojina prvobitno značila "... *odnos radnog (proizvodećeg) subjekta (ili subjekta koji se reprodukuje) ...*" prema spoljnim uslovima proizvodnje "... *kao prema svojima ...*", pošto je "... *sama proizvodnja imala za cilj reprodukciju proizvođača u, i sa njegovim objektivnim uslovima egzistencije*"[24].

U razvijenom subjektivnom vlasništvu svojinski objekt i svojinski subjekt se razdvajaju i polarizuju, dok se u objektivnom vlasništvu pod naslovom pravnog lica ponovo sjedinjuju gubeći svoj posebni identitet. Već u malo većem preduzeću vlasnik se na neki način "stapa" sa svojim kapitalom, tako da u prvi plan kao svojinski subjekt izbija sama firma, dok akcionarska korporacioja u tom pogledu natkriljuje svoje akcionare, koji više pripadaju njoj nego ona njima, a državna preduzeća i ustanove potpuno izvlašćuju fizička lica kao pravne subjekte svojine. "*Individualna svojina je pravno ukinuta, na njeno mesto stupa jedno čisto obligaciono pravo određene vrste, koje je kod hartija na donosioca vezano za golu detenciju jednog bezvrednog komada štampane hartije - "vezano" obligaciono pravo*"[25].

Ukoliko dolazi do stapanja svojinskog objekta i svojinskog subjekta, na čijoj se polarizaciji zapravo zasnivaju svojinski odnosi, utoliko

---

[24] Karl Marks, *Epohe ekonomske formacije društva*, "Kultura", Beograd, 1969, str. 34

[25] Karl Rener, cit. rad, str. 113

se takvi odnosi prevazilaze slobodnim raspolaganjem upotrebnim vrednostima. To stapanje dovršava se pretvaranjem ljudskog znanja u osnovno sredstvo proizvodnje, koje po svojoj prirodi ne može biti predmet prisvajanja i monopolskog raspolaganja, jer je ono kao rafinirani proizvod ljudskog duha, sam objektivizirani duh, koji u tom stanju pripada podjednako celom ljudskom rodu kao univezalnom duhovnom subjektu.

Što ljudsko znanje više postaje osnovni uslov proizvodnje i ukupne životne egzistencije čoveka, subjektivitet ljudske jedinke sve više se zasniva na objektiviziranom subjektivitetu ljudskog roda. Zato jedinka postaje utoliko bogatija i moćnija ukoliko osvojenim znanjem svi pripadnici roda u svojoj stvaralačkoj aktivnosti slobodnije raspolažu.

EKONOMSKI I PRAVNI SUBJEKTIVITET
I OBJEKTIVITET SVOJINE

Pošto se pri relativnoj oskudici životnih sredstava, životne potrebe jednih, ne mogu zadovoljavati bez lišavanja drugih jedinki, prisvajanje se mora oslanjati na društvenu prinudu, bez koje se lišavanje ne bi moglo vršiti. Zato svako prisvajanje podrazumeva dvojni - ekonomski i pravni subjektivitet i objektivitet svojine.

S obzirom da stvarnog prisvajanja ne može biti bez lišavanja oslonjenog na društvenu prinudu, ni ekonomskog subjektiviteta kao **legalnog** posedovanja svojinskog objekta, ne može biti bez pravnog subjektiviteta, kojim se takvo posedovanje zapravo legalizuje. "Prisvajanje" kojim se, u slučaju apsolutnog izobilja, niko ne lišava, nije nikakvo prisvajanje u društvenom smislu, a "prisvajanje" koje se vrši nelegalno (u slučaju krađe ili nasilnog preotimanja) nema društvenu zaštitu, te se ne može govoriti (ni o pravnom ni o ekonomskom) **svojinskom** subjektivitetu tako stečene imovine.

Ekonomski subjektivitet svake svojine je stoga neodvojiv od njenog pravnog subjektiviteta, te se mora razlikovati od prostog tehničkog raspolaganja nekim objektom kao u slučaju sunčeve svetlosti, vazduha ili ukradene stvari, jer se ne može, kao što se često čini, izjednačavati sa svakim posedovanjem. Zato je neosnovano govoriti o nekakvoj čisto ekonomskoj ili nepravnoj svojini jer raspolaganje bilo kojim objektom koje nije pravno sankcionisano ne predstavlja nikakvu svojinu.

S druge strane, ni pravni subjektivitet se ne može odvojiti od ekonomskog subjektiviteta svojine, jer je "... *pravo svojine, dominium, potpuna pravna vlast lica nad telesnom stvari*"[26] (podv. Ž.M.). Pravni subjektivitet bez ekonomske sadržine je čista fikcija, "svojina" bez svojine ili nesvojina, kao što se, na drugoj strani, i ekonomski subjektivitet bez pravne zaštite faktički izjednačava sa nesvojinom.

---

[26] Karl Rener, cit. rad, str. 28

Pravni subjektivitet je neodvojiv od ekonomskog subjektiviteta svojine jer je samo pravo neodvojivo od svojine, tako da ono "... *ne sankcioniše nikakve date ekonomske odnose, odnose prisvajanja, već je konstitutivni element tih odnosa*"[27], pa kako reče Bentham, "...*ja mogu da računam da uživam ono što smatram za svoje, samo ako mi zakon to daje i obezbeđuje*"[28]. Pravo je stoga i nastajalo i razvijalo se sa nastajanjem i razvijanjem svojinskih odnosa, "... *svojina i zakoni dođoše zajedno na svet, pa će zajedno i nestati*"[29].

Do razdvajanja pravnog i ekonomskog subjektiviteta dolazi i zbog apstrahovanja njihovog naličja - svojinskog objektiviteta, na kojem se njihova nerazdvojivost zapravo i zasniva. Kao izraz otuđujućeg proizvodnog rada, svojina je otuđeni društveni odnos koji se postavlja iznad pojedinačnih svojinskih subjekata podređujući njihove subjektivne težnje objektivnim tendencijama sopstvenog reprodukovanja. Utoliko su "... *vlasništvo i društvo stvari koje se* - po Prudonu - *suprotstavljaju jedno drugome*"[30], ali s obzirom da je vlasništvo otuđenje samoga društva, to suprotstavljanje se ne odigrava izvan, već unutar društva kao suprotstavljanje njegovih sopstvenih sila.

Kao ekonomski objektivitet, svojina je sam otuđeni i u svojinskom objektu opredmećeni ljudski rad, koji se postavlja kako iznad radnika tako i iznad svojinskih subjekata, protivstavljajući jedne drugima i povezujući jedne s drugima u jedinstvenu i unutar sebe polarizovanu društvenu skupinu. U tome se ona pojavljuje kao jedinstveni i postojani ekonomski entitet naspram podeljenih i izmenjivih ekonomskih subjekata, prelazeći iz jednih ruku u druge da bi kao svojinski objekt stalno ostajala u nečijem posedu. Tako sve izlazi na to da ne postoje svojinski objekti radi svojinskih subjekata nego svojinski subjekti radi svojinskih objekata.

---

[27] Dragoslav Zorić, *Svojina i država socijalističkog društva*, doktorska disertacija, Fakultet političkih nauka Beograd, 1970, str. 57

[28] E. od Lavlej, cit. rad, str. 501

[29] Isto

[30] Pierre-Joseph Proudhon, *Što je vlasništvo?* i dr. spisi, "Globus", Zagreb, 1982, str. 33

Pravni objektivitet svojine sadržan je u pravnim normama kojima se svojinski odnosi određuju na jedinstven način tako da se delovanje pojedinačnih svojinskih subjekata podvodi pod ista pravila raspolaganja svojinskim objektima. U toj funkciji, "...*pravni institut indiferentan je prema subjektu i objektu*...", i "...*on vrši de jure samo detentornu funkciju: ma ko posedovao bilo kakvo dobro, pravo štiti njegov posed, njegovu vlast raspolaganja dotičnim objektom*"[31]. Štiteći pojedinačne posede nezavisno od pojedinačnih posednika, pravo štiti samo posedovanje kao društveni odnos koji se postavlja iznad pravnih subjekata kao konkretnih nosilaca posedovanja.

S obzirom da je pravo "indiferentno" prema konkretnim nosiocima svojinskog subjektiviteta, "...*ekonomska svojina se ne mora bezuslovno poklapati s pravnom svojinom, a u nizu slučajeva čak se i ne može poklapati s njom*...", pa "...*pravni sopstvenik, tj. onaj koji pravno ima apsolutnu detenciju stvari, ne realizuje za sebe uvek i nužno pravo na višak vrednosti*"[32]. On ekonomski subjektivitet na posedu koji mu pravno u celini pripada može deliti sa drugim ekonomskim subjektima ili može biti potpuno lišen ekonomskog subjektiviteta zadržavajući samo titulu formalno-pravnog vlasnika.

Polarizacija svojinskog objektiviteta i svojinskog subjektiviteta, koja uslovljava i polarizaciju ekonomskog i pravnog subjektiviteta svojine, je istorijski proces koji u sebi skriva sve izraženiju tendenciju njenog "rastakanja" i postepenog iščezavanja zajedno sa iščezavanjem proizvodnog rada. Pri naturalnoj proizvodnji, svojinski objektivitet i svojinski subjektivitet, pa stoga ni ekonomski i pravni subjektivitet još nisu sasvim izdiferencirani jer su ne samo osnovni činioci proizvodnje nego i proizvodi čvrsto vezani za svoje vlasnike. Do potpune diferencijacije i polarizacije dolazi tek pri robnoj proizvodnji kada se i osnovni činioci proizvodnje i proizvodi pretvaraju u robe koje se odvajaju i osamostaljuju i prema proizvođačima i prema svojim vlasnicima, i

---

[31] Karl Rener, cit. rad, str. 37
[32] Karl Rener, cit. rad, str. 98

kada se kapital kao osnovno sredstvo proizvodnje i osnovni objekt svojine osamostaljuje i postavlja iznad celog društva, stavljajući pod sopstvenu komandu i proizvođače i svoje vlasnike.

Kao univerzalna ekonomska supstancija i opštevladajuća snaga društvene reprodukcije, kapital nadilazi moć pojedinačnih vlasnika da njime vladaju, i ovladavajući celim društvom stavlja se celom društvu na raspolaganje. U njemu se stoga "...*funkcija svojine osamostalila, odvojila od pravnog instituta svojine...*", što je "...*očigledno onda kada hipotekarni poverilac sebi prisvaja zemljišnu rentu, vlasnik akcije preduzetničku dobit u obliku dividende, iako ni jedan ni drugi nemaju u ruci ništa do ispisanu ili štampanu hartiju kao obveznicu ili akciju*"[33]. A čim se počne odvajati od pravnog instituta kao glavnog društvenog oslonca, svojina samim tim počinje iščezavati sa društvene pozornice ustupajući mesto slobodnom raspolaganju sredstvima društvene reprodukcije.

Ukoliko kapital kao osnovno sredstvo proizvodnje ustupa mesto objektiviziranom znanju svojinsko pravo gubi svoj raison d'etre, jer se gubi i sama svojina. Pošto se na bazi objektiviziranog znanja gubi i ekonomska sadržina automatizovane proizvodnje, sa nestajanjem pravnog objektiviteta nestaje istovremeno i ekonomski objektivitet svojine. A sa nestajanjem svojinskog objektiviteta nestaje i svojinski subjektivitet, koji se u nefizičkom pravnom licu sve više izjednačavaju, čime se njihova polarizacija kao osnova svojine praktično ukida.

---

[33] Karl Rener, cit. rad, str. 151-152

NOSIOCI SVOJINSKOG SUBJEKTIVITETA

Nosioci svojinskog subjektiviteta su primordijalno fizička lica koja su svesna društvene odgovornosti za celishodno raspolaganje svojinskim objektima, dok se intelektualno nedozrelim licima nedovoljno svesnim društvene odgovornosti ne daju nikakva pa ni svojinska prava. Zato su nosioci svojinsko-pravnog subjektiviteta sasvim određena lica, a da li će ona svoja prava uživati sami ili uz učešće drugih lica, u to zakon ne ulazi niti ulaziti može.

Svojinska prava se, međutim, mogu poveravati i pojedincima i određenim grupama fizičkih lica, te se sa stanovišta svojinskog subjektiviteta može govoriti o **individualnoj** i **grupnoj** svojini. A raspolaganje grupnom svojinom može biti veoma različito zavisno od toga kako su u korišćenju svojinskih prava uređeni odnosi među nosiocima grupnog subjektiviteta.

U svakom slučaju, nosioci pravnog subjektiviteta imaju **monopol** na raspolaganje svojinskim objektima, kojim se isključuje pravo raspolaganja drugih lica. Još je rimsko zakonodavstvo utvrdilo kviritarno pravo svojine ili **dominium** kao apsolutno pravo rimskog građanina nad stvarima (mancipi), t.j. nad dobrima koja su samo njemu mogla pripadati.

Međutim, apsolutno pravo svojine isključuje apsolutni monopol na neograničeno raspolaganje time što određivanjem svojinskog subjektiviteta samo postavlja granice raspolaganja. Svako pravo graniči se sa nepravom bez kojeg ni prava bilo ne bi, pa bi i pravo na neograničeno svojinsko raspolaganje samo sebe isključivalo, isključujući time samu svojinu.

Kao kreator, donator i zaštitnik svojinskih prava, vrhovni nosilac svojinsko-pravnog subjektiviteta je u stvari država, koja "... *svojim aktima vlasti određuje meru svih prava i obaveza, pa i svojine' nad stvarima* "[34], određujući time granice svojinskog subjektiviteta svih ostalih

---

[34] Dr Radomir Lukić, *Društvena svojina i samoupravljanje*, isto, str. 35

subjekata. Zato sva "... *tri zakonodavstva koja vladaju Evropom - rimsko, germansko i slovensko, smatraju da samo država ima apsolutno pravo nad jednom stvari*"[35], što i Žan Žak Rusou daje za pravo da ustvrdi da je "... *država u odnosu na svoje članove gospodar svih njihovih dobara na osnovu društvenog ugovora*"[36].

Ako svojine nema bez društveno garantovanih prava na raspolaganje svojinskim objektima, onda je ne može biti ni bez države, koja prvenstveno zbog svojine, i radi svojine, i postoji. Kao glavni nosilac svojinskog subjektiviteta, "... *država je smatrala svojinu za najvažniju osnovu socijalne organizacije...*", ona je se "... *više starala za svojinu nego za narod...*", i "... *ona to i danas čini*"[37].

U ostvarivanju te funkcije, država radi održanja svojine mora zadirati u samu svojinu, bez čega se ni sama ne bi mogla održati jer samo prisvajanjem tuđe svojine može podmirivati sopstvene potrebe. "*Da bi se održavala javna vlast, potrebni su doprinosi građana - porezi...*", a "... *s razvitkom civilizacije ni porezi više nisu dovoljni, država izdaje menicu na budućnost, zaključuje zajmove, državne dugove*". Pa "... *ili je privatna svojina sveta, onda nema nacionalne svojine i država nema pravo da ubira poreze; ili država ima pravo, onda privatna svojina nije sveta, onda nacionalna svojina stoji iznad privatne svojine i država je pravi vlasnik*"[38].

Radi obezbeđenja svojine, svojinsko pravo mora biti ograničeno ne samo u korist države, već i u korist svih drugih nosilaca svojinskog subjektiviteta jer je, sve dok vlada relativna oskudica životnih sredstava, sloboda svojinskog raspolaganja bilo kojeg subjekta nužno omeđena slobodom drugih subjekata. Zato bez ograničenja svojine ne samo

---

[35] E. od Lavlej, cit. rad, str. 501

[36] *Društveni ugovor*, "Prosveta", Beograd, 1949, str. 21

[37] Dr Džems Piter Vorbas, *Zadružna demokratija*, izdanje i štampa Zadružne štamparije, Beograd, 1935, str. 129

[38] F. Engels, *Poreklo porodice, privatne svojine i države* i *Dva ugovora u Elberfeldu*, K. Marks, F. Engels, Dela, isto, tom 32, str. 134-135 i tom 5, str. 220

što se ne bi mogao uspostaviti nikakav svojinski poredak, nego ni sama svojina ne bi bila moguća.

Ograničavanjem svojinskih prava pojedinaca država, pre svega, štiti interese pojedinih društvenih grupa i društvene zajednice kao celine, koja bez toga ne bi na svojinskim odnosima mogla ni opstati. Radi toga, ona samim zakonima kojima daje, istovremeno i ograničava, ili, u društvenom interesu, ukida individualnu svojinu. *"Država priznaje sopstvenikovo pravo na stvari samo pod uslovom da on stvar iskorišćava u skladu sa interesima zajednice ...", a "... ako sopstvenik ne upotrebljava svoju stvar onako kako to zahtevaju interesi zajednice, onda dolazi do manje ili više potpune eksproprijacije"*[39].

Svojinska prava pojedinaca država ograničava, i da bi zaštitila interese ostalih pojedinaca. Po zakonu, sopstvenik *"... ne sme da čini što hoće sa svojom stvari, već samo ono što je njemu zaista korisno, - inače on odgovara za štetu nanesenu trećim licima ...", a "... po par. 904. Nemačkog građanskog zakonika, svako treće lice ima pravo da povredi, u slučaju nužde, tuđu svojinu"*[40].

Ali država svojinska prava pojedinaca ograničava i u njihovom sopstvenom interesu, obavezujući ih da *"... preduzimaju pozitivne radnje u vezi sa predmetom svojine, recimo da zemlju obrađuju ili da je obrađuju na određeni način, da seju određenu kulturu ...", a "... ponegde se neobrađeno zemljište stavlja pod sekvestar, ili čak oduzima"*[41]. Zaštita svojine i od samih sopstvenika najbolji je dokaz njene društvene neprikosnovenosti koja podrazumeva da u društvu zasnovanom na svojinskim odnosima sopstvenik postoji radi sopstvenosti, a ne sopstvenost radi sopstvenika.

Ako je pravni subjektivitet samim zakonodavstvom podeljen na više subjekata, ta podela je još izrazitija kod ekonomskog subjektiviteta

[39] Stevan D. Živadinović, *Pravo raspolaganja i svojina*, doktorska disertacija branjena na Pravnom fakultetu u Beogradu, decembra 1937, Beograd, 1938, str. 135-136

[40] Isto, str. 122-123 i 118

[41] Andrija Gams, cit. rad, str. 124

jer svaki pravni subjekt može svoj ekonomski subjektivitet, i mimo zakona, deliti sa drugim, nepravnim subjektima. I ako je onaj "... *ko prisvaja odnosno "troši" finalni proizvod stvarni njegov ekonomski posednik, nezavisno od pravne forme svojinskih odnosa*"[42], onda su nosioci ekonomskog subjektiviteta daleko brojniji od nosilaca pravnog subjektiviteta, jer svoju imovinu gotovo niko ne "troši" sam.

U društvu zasnovanom na svojinskim odnosima čovek uglavnom živi u krugu porodice sa kojom faktički deli svoj imetak i kad je pravno njegov isključivi vlasnik. Da bi zadovoljio sopstvene potrebe, starešina porodičnog domaćinstva mora iz svog pravno zagarantovanog imetka podmirivati i potrebe ostalih članova porodice, sa kojima faktički deli ekonomski subjektivitet, ne samo na sredstvima lične potrošnje već i na sredstvima proizvodnje koja cela porodica upotrebljava i koristi. A prema empirijskim istraživanjima, "... *kao god što u ono doba kada su postojale seoske zajednice, niko nije mogao raspolagati svojim vlastitim dobrom - kućom i dvorištem - bez pristanka zajednice, tako isto docnije niko nije mogao otuđiti zemlju bez pristanka porodičnih članova*"[43] iako oni nisu bili nosioci pravnog subjektiviteta.

Ali ekonomski subjektivitet se, i nezavisno od pravnog subjektiviteta, deli i izvan porodičnog kruga. I potpuno obezvlašćeni rob upotrebljava i koristi sredstva proizvodnje, proizvodeći ceo, i trošeći deo proizvoda, koji su u celini pravno vlasništvo njegovog gospodara. A u svim ostalim oblicima društvene reprodukcije participacija neposrednih proizvođača u ekonomskom subjektivitetu je još i veća nego u robovlasničkom poretku, i stvarni "... *raspolagač "u prvoj liniji" je za mašinom, za čekićem, za plugom - radna snaga, u kući kirajdžija, uopšte nesopstvenik*"[44].

Upotreba i korišćenje svojinskih objekata, kao osnovni smisao prisvajanja, ne moraju se poklapati, niti se stvarno poklapaju sa njihovim

---

[42] Ivan Maksimović, *Teorijske osnove društvene svojine*, Beograd, 1974, str. 13

[43] E. od Lavlej, cit. rad, str. 418

[44] Karl Rener, cit. rad, str. 163

pravnim raspolaganjem. *"Sopstvenik kuće vrši svoje apsolutno pravo primajući u kuću ljude sa ulice i smeštajući ih u svojoj takozvanoj svojini, veleposednik - ustupajući svoje imanje zakupcu na 10, čak na 90 godina zajedno sa kolonom nadničara"*[45].

Stvarni nosilac svojinskog (i pravnog i ekonomskog) subjektiviteta nije, prema tome, neki usamljeni, već udruženi pojedinac, koji taj subjektivitet deli sa drugim udruženim pojedincima, jer *"...jedan izolirani individuum ne bi mogao imati vlasništvo nad zemljom* (i nad bilo kojim svojinskim objektom - Ž.M.), *kao što ne bi mogao ni govoriti"*[46]. Po Rudolfu Jhering-u, *"...nema nikakve apsolutne svojine, t.j. takve koja bi bila slobodna od svih obzira prema celini, prema ukupnom društvu..."*[47], a prema E. od Lavlej, svojina *"...nije (ni) stvorena samo u interesu individue i da ovoj garantuje uživanje plodova i rada njezinoga, već je ustanovljena u interesu društva, da mu ujemči trajanje i korisnu akciju"*[48]. Svojina je, kako *"...kažu nemački pravnici data pojedincu kao zajam koji se može tražiti natrag u slučaju povrede javnih interesa"*[49].

Ali stvarni nosilac svojinskog subjektiviteta ne može biti ni neki transcendentni kolektivitet, koji se *"...ne može dedukovati iz ideje..."*, već *"...mora biti zasnovan na pojedincu, koji je istovremeno i društveni subjekt, t.j. vlasnik"*[50]. Kao što nema društva bez ljudske jedinke, ne može biti ni društvenog subjektiviteta bez individulanog subjektiviteta svojine.

---

[45] Isto, str. 161

[46] K. Marks, *Osnovi kritike političke ekonomije*, K. Marks, F. Engels, Dela, isto, tom 19, str. 321

[47] Mih. P. Jovanović, *Svojina - njen pravni socijalno - politički značaj*, preštampano iz "Arhiva za pravne i društvene nauke", Beograd, 1921, str. 4

[48] Cit. rad, str. XVII

[49] Stevan D. Živadinović, cit. rad, str. 134

[50] Zoltan Merta, prilog u zborniku *Oblici svojine u socijalizmu*, "Savremena administracija", Beograd, 1989, str. 94

Kao društveni odnos, svojina je ključna karika u povezivanju pojedinačnih i opštih interesa, te "... *ne postoji isključivo u interesu individue* ...", nego "... *postoji u opštem ineteresu* ...", i sopstveniku "... *nameće obavezu da stvar koju ima upotrebi na zadovoljenje ličnih potreba, s jedne strane, i opštih potreba, s druge strane* "[51].

Zato "... *država priznaje sopstvenikovo pravo na stvari samo pod uslovom da on stvar iskorišćava u skladu sa intersima zajednice* ..."[52], te postavlja i "... *dve vrste ograničenja svojine: iz potrebe same individue i iz opštih potreba, u javnom intersu* "[53].

S obzirom na to, svaka svojina je istovremeno i pojedinačna i opšta, i individualna i kolektivna, ali ukoliko su individualni i kolektivni interesi suprotstavljeni, neizbežno se suprotstavljaju i individualni i kolektivni subjektivitet svojine. Ukoliko, naime, svojinski subjektivitet jedne individue isključuje subjektivitet ostalih individua, utoliko se on suprotstavlja kolektivnom subjektivitetu, ispoljavajući se kao **privatna** sfera nasuprot **javnoj** sferi kolektivnog subjektiviteta.

Neraskidiva suprotstavljenost javne i privatne sfere je zapravo u osnovi svakog prisvajanja, koje, po definiciji, tendira ka isključenju drugih iz svojinskog subjektiviteta, čije bi potpuno isključenje značilo, međutim, isključenje samog prisvajanja. I celokupan istorijski razvoj svojinskih odnosa odvijao se kroz stalno sukobljavanje tih sfera, koje se nisu samo međusobno uslovljavale, nego si i jedna drugu podsticale tako da je jačanje jedne izazivalo i jačanje one druge. Upravo zbog toga se "... *u istoriji svojine zapaža kretanje od više kolektivne ka više individualnoj i, naročito u novije vreme, od individualne opet ka kolektivnoj svojini* "[54].

---

[51] Dr Mihailo Konstatinoviæ, *Pitanje svojine*, prilog u zborniku "Generaciji pred stvaranjem", SKA, Beograd, 1925, str. 11

[52] Stevan D. Živadinović, cit. rad, str. 135-136

[53] Mih. P. Jovanović, cit. rad, str. 8

[54] Dr Čed. Marković, *U koliko je preporučljivo ograničavanje prava svojine*, časopis "Pravosuđe", Beograd, br. 15-16/1933, str. 5

U svom embrionalnom obliku, svojina još nije bila ni individualna ni kolektivna, ali je, u određenom smislu, bila i jedno i drugo. Prvobitna prisvajanja sastojala su se u kolektivnom zaposedanju zemljišta i prirodnih bogatstava od strane celih zajednica, ali pošto njihovi pripadnici nisu još imali nikakve individualne samostalnosti, one su praktično same delovale kao svojevrsne grupne individue. I prema svojim pripadnicima i prema drugim zajednicama odnosile su se kao apsolutni posednici isključujući svaku mogućnost njihovog prisvajanja imovine kojom su raspolagale.

Bio je to u momentu samog nastajanja svojine najviši mogući stepen grupne privatizacije prema drugim zajednicama, i istovremeno najviši mogući stepen individualne kolektivizacije prema sopstvenim individuama, bez neposrednog prisvajanja bilo s koje strane jer je samim grupnim zaposedanjem već izvršeno posredno prisvajanje. Ali to su bili spoljašnji i međusobno nezavisni odnosi privatizacije i kolektivizacije, koji bez neposrednog prisvajanja nisu neposredno zadirali u interese ni drugih zajednica ni još neosamostaljenih individua, te stoga nisu ni predstavljali privatizaciju i kolektivizaciju u pravom smislu kao polarizovane unutarnje suprotnosti jedinstvenog svojinskog odnosa.

Kao polovi jedinstvenog svojinskog odnosa, privatizacija i kolektivizacija su neodvojive suprotnosti koje se međusobno i ograničavaju i dopunjavaju, te stoga ne predstavljaju različite procese koji se istorijski smenjuju, nego jedinstven istorijski proces u okviru kojeg se zajedno i razvijaju i nestaju tako što sa jačanjem ili slabljenjem jedne, istovremenom jača ili slabi i druga.

Prvobitno plemensko vlasništvo bilo je amorfno kao i sama plemenska zajednica, i svoj identitet dobijalo je samo u odnosima sa drugim zajednicama, od kojih je svim sredstvima, a najviše fizičkom silom štićeno. *"Jedinu granicu koju ... "* takva *"... zajednica može naći u svome odnosu prema prirodnim uslovima proizvodnje - prema zemlji - (ako odmah pređemo na stalno nastanjene narode) kao prema **svojima**, jeste **druga zajednica** koja polaže na nju pravo kao na svoje neorgansko* *telo ...", i "... rat je stoga, jedan od najprvobitnijih poslova svake ove samonikle zajednice kako za očuvanje svojine tako i za sticanje nove svojine "[55].*

Unutarnja diferencijacija i privatizacija plemenskog vlasništva otpočela je sa pojavom relativne oskudice zemlje kao osnovnog sredstva proizvodnje. *"Kad je opština bila relativno slabo naseljena prema prostoru zemlje koji je obuhvatala, nije trebalo nikakvih odredaba"* o svojinskim pravima. *"Zemlju su svi zajednički radili, a žetvu delili prema broju radnika u svakoj porodici ..."*, pa *"... u primitivno doba deoba nikada nije činjena"*. A *"... kada se narod namnoži, i kada se javi potreba da se prava stanovništva ograniče propisaše se odredbe koje samo utvrdiše stare običaje "[56]*, prema kojima je zemlja na privatne posede najpre deljena samo kao privremena državina.

Interna privatizacija plemenske svojine odvijala se tako što je obradiva zemlja *"... davana na iskorišćavanje najpre gensu, docnije kućnim zajednicama, najzad pojedincima "[57]*, u početku privremeno, a kasnije na stalno raspolaganje samih individualnih vlasnika, sa neograničenim pravom otuđivanja i nasleđivanja. Individualno vlasništvo je na taj način potpuno odvojeno od javnog (opštinskog i državnog) vlasništva, koje je reducirano ali nikada i nigde nije potpuno ukinuto.

Ali ako je odvojeno od javnog vlasništva kao posebnog, pravno sankcionisanog oblika kolektivnog posedovanja, individualno vlasništvo nikada nije bilo odvojeno niti se moglo odvojiti od opštedruštvenog vlasništva oličenog u državi, koje se u njega razgranjava, baš kao što se stablo nekog drveta razgranjava u svoju krošnju. I kao što stablo drveta jača što se više razgranjava, tako je i društveno jačanje svojine sve veće što se ona više individualizuje.

Individualizacija plemenskog vlasništva dovela je, sa razvojem zemljoradnje, do pojave robovlasništva, kao prvog razvijenog oblika

[55] K. Marks, *Epohe ekonomske formacije društva*, isto, str. 28

[56] E. od Lavlej, cit. rad, str.10 i 119

[57] F. Engels, *Poreklo porodice, privatne svojine i države*, isto, str. 127

individualnog vlasništva, ali i do robovlasničke države kao oličenja njegove društvene osnove, koja je i na spoljnjem i na unutrašnjem planu istupala kao vrhovni vlasnik. Država je zapravo i nastala i razvijala se kao tvorac, zaštitnik i glavni društveni subjekt svih oblika vlasništva, što je i osnovni smisao njenog postojanja, koje se bez prisvajanja i svojinskih odnosa ne bi moglo ni zamisliti.

Robovlasničko domaćinstvo ne bi ni nastalo ni postojalo, ne samo bez državnog blagoslova i državne zaštite, već i bez javnih radova, a svoje usluge država je neprikosnovenim zahvatanjem njegove imovine sama naplaćivala, baš kao da se radi o njenom sopstvenom vlasništvu. S druge strane, ono je počivalo na proizvodnom radu robova, koji ne samo što su radili na njegovoj zemlji i njegovim sredstvima, nego su se od njegove imovine i izdržavali, i u njemu kolektivno egzistirali, pa je i sama reč **familia** prvobitno označavala "...*skup robova koji pripadaju jednom čoveku*"[58].

Dalji razvoj tekao je u pravcu dalje individualizacije ali i još veće kolektivizacije vlasništva, pa je nedeljivo robovlasničko domaćinstvo kao proizvodna jedinica zamenjeno odvojenim domaćinstvima kmetova, koji su dodeljeno parče zemlje ne samo samostalno obrađivali i slobodno uživali nego i u nasleđe prenosili, ali su oni za njega, a ne ono za njih, bili nerazdvojno vezani jer je cela zemlja kao osnovno sredstvo proizvodnje, pod sistemom vazalnih odnosa faktički pripadala celom društvu na čelu sa državnim suverenom kao vrhovnim vlasnikom.

Tek u svom kapitalističkom obliku svojina ulazi u stadijum opšte privatizacije ali i opšteg podruštvljavanja, kada razvijena robna proizvodnja zahteva da svi budu individualni, ali ne izolovani nego ekonomski povezani vlasnici. Upravo zbog toga se i u teoriji i u praksi kapitalističkog društva postavljaju uporedni zahtevi i za privatizacijom i za kolektivizacijom, pri čemu se često ne shvata da jedna bez druge ne mogu ići.

---

[58] Isto, str. 51

Robna proizvodnja po svojoj prirodi podrazumeva smostalne vlasnike roba, ali robe nisu proizvodi za sebe nego za drugoga, te se istovremeno podrazumeva i međusobna zavisnost njihovih vlasnika koji jedni za druge proizvode, i stoga proizvedenim dobrima i jedni i drugi raspolažu. Šta će proizvođač proizvoditi i šta će sa proizvedenom robom činiti, najmanje od njega zavisi, pa se Rener s pravom pita "...*zar tržište ne vlada čak i najsamovlasnijim fabrikantom i na usamljenom majuru naseljenim seljakom?*"[59]. I goli proleter je neprikosnoveni vlasnik svoje radne snage, ali samo dok ne uđe u radionicu svog poslodavca, kojem se sam predaje na raspolaganje, a čija sredstva u procesu proizvodnje upotrebljava i čijim promenljivim kapitalom u obliku zarađene najamnine kako hoće raspolaže.

Svojinski odnosi su, prema tome, već u početnoj fazi kapitalističke robne proizvodnje skroz isprepletani, a što se ona više razvija to preplitanje postaje sve složenije. U početku svaki proizvodni preduzetnik sam raspolaže kapitalom koji u proizvodnom procesu upotrebljava, a zatim mu se pored države koja se sve više upliće, pridružuju i trgovac, bankar i rentijer, bez čijih usluga ne može, dok najzad ne zaglibi i u proizvodno akcionarstvo predajući svoj kapital na upravljanje profesionalnim upravljačima. I radnici su u početku svojom radnom snagom raspolagali individualno, a sada to zajedno sa poslodavcem čine kolektivno, pa su radno mesto i radno vreme, zaštita na radu, socijalno i zdravstveno osiguranje zakonom, kolektivnim ugovorima i drugim normativnim aktima javno već unapred utvrđeni, tako da je "...*devet desetina radnog odnosa **publici juris**, a samo ostatak počiva na svojoj privatno-pravnoj osnovici*"[60].

Neposredno povezivanje osamostaljene individualne svojine u zajedničku svojinu otpočelo je u širim društvenim razmerama sa zadrugarstvom i nastavljeno s akcionarstvom, gde udruženi kapitali individualnih vlasnika funkcionišu kao jedinstven kolektivni kapital, kojim

[59] Cit. rad, str. 161

[60] Karl Rener, cit. rad, str. 60. i 169

ne raspolažu samo njegovi pravno priznati suvlasnici nego i zaposleni. Ni ostvarena dobit ne deli se samo vlasnicima već i zaposlenim, bilo neposredno ili preko javne potrošnje, a deo koji se ulaže u razvoj proizvodnje, faktički je (a često i formalno) njihovo zajedničko vlasništvo.

U isto vreme narastao je državni kapital, kojim je individualno vlasništvo formalno ukinuto, a u zemljama gde su izvršeni revolucionarni prevrati sa osnovnim ciljem ukidanja privatne svojine, činjeni su pokušaji da se nacionalizacijom i podržavljenjem privatnog kapitala uspostavi neka čisto društvena svojina.

Podržavljenje je, međutim, u interesu državno - partijske birokratije shvaćeno kao krajnji domet podruštvljavanja svojine, jer "... *birokratija (resori) nastupa faktički u svojstvu direktnog titulara prava svojine državnih dobara...*"[61], pa je državna svojina odmah proglašena opštenarodnom svojinom da bi i birokratska država mogla biti proglašena opštenarodnom državom. Po A.V. Venediktovu, naime, "... *opštenarodni karakter državne socijalističke svojine izražava se pre svega u tome što je jedini i jedinstveni vlasnik celokupne državne imovine ceo sovjetski narod oličen u svojoj socijalističkoj državi*"[62].

Narod oličen u državi je otuđeni narod, a to otuđenje može proisticati samo iz otuđenja narodne svojine u državnu svojinu. Čim je prvobitna plemenska svojina otuđena u individualnu svojinu, moralo je, da bi se društvena zajednica održala, otpočeti otuđivanje individualne svojine u državnu svojinu, a svaka otuđena svojina je privatna svojina. Individualna i državna svojina su stoga nerazdvojni i međusobno suprotstavljeni polovi jedinstvene privatne svojine kao vladajućeg društvenog odnosa, i jedan pol te suprotnosti ne može se ukinuti bez ukidanja drugog.

Pokušaj da se državna svojina ukidanjem individualne svojine apsolutizuje, doveo je do njenog pretvaranja u "... *apstraktno opći, dakle*

---

[61] S. S. Aleksejev, cit. rad, str. 26

[62] *Gosudarstvennaja socijalističeskaja sobstvennost*, Akadamija nauk SSSR, Institut prava, Moskva-Leningrad, 1948, str. 313

ne konkretno opći oblik svojine ..."[63], čime je pravna forma svojine odvojena od njene ekonomske sadržine, i iz pravne norme pretvorena u ideološko etički postulat, zbog čega "*... u suštini, uopšte nije bilo zakona o državnoj svojini*"[64]. A pošto time privatna svojina faktički nije mogla biti ukinuta, pravna odgovornost u njenom raspolaganju praktično je zamenjena birokratskom samovoljom.

Nacionalizacija privatnog kapitala, koja je praktično zahvatila ceo svet, rezultat je pre svega ekonomske nužde za ubrzanim podruštvljavanjem krajnje individualizirane privatne svojine, koja je sve više dolazila u koliziju sa razvojem robne proizvodnje. U tom zaletu preskočena je, međutim, kritična granica svojinskog subjektiviteta izvan koje neizbežno nastaju poremećaji u svojinskim odnosima.

Sve veća individualizacija svojine na bazi prisvajanja tuđeg rada vodila je sve većoj koncentraciji bogatstva u rukama sve manjeg broja vlasnika na jednoj i krajnjoj pauperizaciji sve većeg broja proizvođača na drugoj strani, što je sve više otežavalo razvoj masovne robne proizvodnje. Da bi se taj razvoj ubrzao, morao je od određene kritične tačke te polarizacije otpočeti istorijski proces njenog prevazilaženja, jer je masovna robna proizvodnja zahtevala i masovnu potrošnju koju nije moguće obezbediti bez masovnog bogaćenja osiromašenih.

Neposrednim eksproprisanjem proizvodnih sredstava i fiskalnim zahvatanjem viška proizvoda država je prisvajala kapital individualnih vlasnika, pretačući ga u sopstvene fondove i državni budžet, iz kojeg je preko javne potrošnje podizala životni standard celokupnog stanovništva, čime je premošćavala tradicionalni jaz između monopolisanog izobilja i masovne bede. Individualno prisvajanje time nije ukinuto nego je samo promenjen način prisvajanja, kojim je na račun monopola privatnih preduzetnika ojačan monopol državne birokratije.

---

[63] Džemal Sokolović, Prilog u zborniku "Protivrečnosti društvene svojine", Jugoslovenski centar za teoriju i praksu samoupravljanja "Edvard Kardelj", Ljubljana, bez god. izdanja, str. 66

[64] S. S. Aleksejev, cit. rad, str. 78

To je bio neizbežan put jačanja nacionalne ekonomije na račun porodičnog domaćinstva, i kolektivnog na račun individualnog monopola, ali ne i kolektivnog na račun individualnog subjektiviteta u raspolaganju društvenom imovinom. Razvoj masovne robne proizvodnje nije zahtevao sužavanje nego proširivanje svojinskog subjektiviteta sa starešine porodičnog domaćinstva na sve članove društvene zajednice.

Pošto društvene zajednice nema bez ljudskih jedinki, ni društvenog subjektiviteta svojine ne može biti bez individualnog subjektiviteta jer društveni subjektivitet u suštini i nije ništa drugo nego zajednički ili kolektivni subjektivitet udruženih jedinki. U naučnoj interpretaciji komunizam je zamišljen upravo kao "... *opće privatno vlasništvo* ..."[65], pa je i Pariska komuna "... *htela da individualnu svojinu učini stvarnošću pretvarajući sredstva za proizvodnju, zemlju i kapital... u puka oruđa slobodnog i udruženog rada* ..."[66], jer je "... *stvarno oslobođenje radnika, oslobođenje njihovog rada u principu ostvarivo samo tada kada se trudbenici - svi trudbenici -* **direktno uključuju u svojinske odnose na sredstvima za proizvodnju i u tom smislu svi bez izuzetka postaju sopstvenici***"[67].

U opštedruštvenom individualnom subjektivitetu, i privatizacija i kolektivizacija svojine dostižu svoju kulminaciju, pri kojoj potpuna individualizacija zahteva i potpuno podruštvljavanje, a potpuno podruštvljavanje omogućava i podrazumeva potpunu individualizaciju. Dalje se svojinski odnosi nemaju kuda razvijati, i mogu biti zamenjeni samo potpuno slobodnim raspolaganjem sredstvima društvene reprodukcije.

Sve veća individualizacija i sve veće podruštvljavanje podrazumevaju istovremeno i sve veću relativizaciju svojinskog monopola, koji na taj način sve više nestaje prerastajući u slobodno raspolaganje sredstvima proizvodnje i društvenim proizvodom, tako da oni "... *pripadaju istodobno svakom članu društva i svima zajedno, no nikome u*

---

[65] K. Marks, *Ekonomsko-filozofski rukopisi iz 1844. godine*, isto, str. 235

[66] K. Marks, *Građanski rat u Francuskoj*, K. Marks, F. Engels, Dela, isto, tom 28, str. 274

[67] S. S. Aleksejev, cit. rad, str. 55

cjelosti, nikom isključivo"[68]. A kad svojinskog monopola u potpunosti nestane, nestaće i svake svojine, koja po definiciji, znači monopolsko raspolaganje.

Relativnost svojinskog monopola postaje evidentna već kod akcionarskog kapitala, gde "*... svojina na stvarnim sredstvima za proizvodnju prelazi s pojedinačnih lica na jedno pravno društvo, koje se doduše sastoji iz zbira ovih pojedinačnih lica, ali u kojem pojedinac kao takav nema više nikakvo pravo svojine na imovini društva...*", pa "*... mobilizovanje kapitala pretvara u sve većoj meri kapitalističku svojinu u uputnice na prinos i usled toga čini kapitalistički proces proizvodnje u sve većem obimu nezavisnim od kretanja kapitalističke svojine"*[69]. I sama vrednost akcionarskog udela pretvara se iz apsolutne u relativnu veličinu, čije menjanje ne zavisi toliko od volje njegovog vlasnika koliko od funkcionisanja celokupnog udruženog kapitala.

U zadrugarstvu je relativnost svojinskog monopola već dovedena do kraja pošto u raspolaganju zadružnom imovinom svi zadrugari ravnopravno učestvuju a rezultate zajedničkog rada prema ukupnom (i radnom i imovinskom) doprinosu prisvajaju. Ovde je svako individualni vlasnik sopstvenog udela i istovremeno punopravni suvlasnik celokupne zadružne imovine, koja pripada svima i svakome prema doprinosu njenom sticanju. Kolektivno vlasništvo proističe ovde iz privatnog vlasništva, baš kao i privatno iz kolektivnog, i veličina zadružne imovine zavisi od individualnih doprinosa zadrugara kao što veličina njihovih individualnih udela zavisi od ukupnog prinosa zadružne imovine.

Isti princip koji važi za svojinske odnose udruženih zadrugara, mora važiti i za odnose udruženih zadružnih organizacija, kao i svih drugih organizacija udruženog rada. To podrazumeva da u prisvajanju zajednički ostvarenog dohotka i raspolaganju zajedničkom imovinom svaka organizacija učestvuje srazmerno svom doprinosu njihovom sticanju,

---

[68] Dr Martin Vedriš, *Osnove imovinskog prava*, Novinsko-izdavački, štamparski i birotehnički zavod, Zagreb, 1976, izd. 2, str. 195

[69] Rudolf Hilferding, *Finansijski kapital*, "Kultura", 1958, str. 168

čime se individualni subjektivitet udruženih proizvođača ne ograničava nego proširuje na raspolaganje celokupnom društvenom imovinom. Nekoherentnost jugoslovenske koncepcije društvenog vlasništva, na kojoj je počivao Ustav SFRJ iz 1974. godine, proisticala je zapravo iz nedefinisanosti njegovog individualnog subjektiviteta, zbog čega je ono, kao formalno preobraženo državno vlasništvo, ostalo na nivou depersonifikovane apstrakcije. Negiranje njegovog pravnog subjektiviteta, koje je u skladu s tim vršeno, značilo je negiranje samog vlasništva, što je bilo u dubokoj koliziji sa stvarnim svojinskim odnosima opterećenim voluntarističkim birokratskim uzurpacijama.

Sve dok se društveni proizvod, zbog relativne ograničenosti u odnosu na ljudske potrebe, raspodeljuje na različite korisnike, svaki korisnik mora biti pravno zaštićen od mogućih uzurpacija, pa ukoliko se raspodela vrši na pojedince, neophodna je svojinska individualizacija celog proizvoda a ne samo onog njegovog dela koji se koristi za lične potrebe. Ukoliko deo proizvoda ostaje bez konkretnog svojinskog subjektiviteta, on i bez pravnog doznačavanja mora od nekog biti prisvojen, a u poziciji nelegalnih prisvajača su, po zakonu jačeg, samo najmoćniji.

Da bi se takva prisvajanja onemogućila, svako ulaganje u proizvodnju ekonomske vrednosti kao osnovnog objekta prisvajanja, moralo bi biti legalizovano kao osnov alikvotnog, pravno zaštićenog udela u njenom raspolaganju. Kao društveni odnos, vlasništvo ne može biti ukinuto ako se ne ukine obezvlašćivanje, niti vlasnika može nestati dok svi ne postanu vlasnicima.

Vlasništva i obezvlašćivanja će, međutim, nestajati samo utoliko ukoliko nestaje ekonomske vrednosti proizvoda ljudskog rada, što podrazumeva da ekonomsku vrednost gube i sama ulaganja u proizvodnju i da se ona time ukida kao'neposredna ljudska delatnost. Samo ukoliko umesto kapitala objektivizirano znanje postaje osnovna proizvodna investicija, koja umesto ekonomske vrednosti predstavlja izvornu ljudsku vrednost, izvornim ljudskim vrednostima postaju i proizvodi ljudskog rada, nestajući kao otuđeni ekonomski objekti prisvajanja.

III

DRUŠTVENA ZAŠTITA I DRUŠTVENO NARUŠAVANJE SVOJINE

DRUŠTVENO NORMIRANJE SVOJINSKIH ODNOSA

Kao društveni izraz otuđivanja materijalne delatnosti, prisvajanje je istovremeno društveni izraz otuđivanja duhovne delatnosti čoveka jer je duhovna delatnost neraskidiva osnova ljudske materijalne delatnosti. Ako se otuđivanje materijalne delatnosti koncentriše u otuđenim svojinskim objektima, koncentraciju otuđene duhovne delatnosti označavaju otuđene društvene norme kojima se otuđivanje materijalne delatnosti opravadava i u svesti ljudi učvršćuje kao društvena neminovnost.

Svojinske norme nisu puki odraz, nego određujući činilac svojinskih odnosa, kojim se zapravo utvrđuje svojinski monopol. Pošto se kroz otuđivanje i prisvajanje vrši narušavanje prirodnog odnosa prema proizvodima sopstvenog rada, on se mora nadomestiti novim, normativno konstruisanim odnosom; umesto nečeg što je dato, uspostavlja se nešto što je zadato; nešto što jeste, zamenjuje se nečim što treba da bude i što se suprostavljanjem postojećoj datosti po nečijoj volji zbiva.

Već je prvobitno plemensko vlasništvo bilo zaodenuto kolektivnom svešću o monopolu na zaposednutu zemlju kojim su iz "prava" na njeno zaposedanje isključivani ostali potencijalni posednici. Da bi zaposednuta zemlja bila kolektivno štićena od drugih prisvajača, morala je postojati kolektivna svest o njenoj pripadnosti, morala je ona biti shvaćena i doživljavana kao sopstveni, za druga plemena nedodirljivi posed.

Interna diferencijacija plemenske svojine značila je pre svega svojinsku diferencijaciju kolektivne plemenske svesti kao određujućeg činioca gentilne, porodične i individualne privatizacije plemenske imovine, koja se konkretnim korisnicima mogla dodeljivati na uživanje samo ukoliko je razvijana svest o potrebi takvog dodeljivanja i ukoliko su utvrđivane društvene norme o načinu raspolaganja dodeljenom imovinom. I što su suprotnosti između individualnog i društvenog subjektiviteta u tom raspolaganju više zaoštravane, to su više izoštravane i odgovarajuće društvene norme (od najblažih običajnih preko moralnih i religijskih do najrigoroznijih pravnih postulata) kojima je regulisano njihovo razrešavanje.

Dok su te suprotnosti tek nastajale bili su za njihovo razrešavanje dovoljni i običaji, nastali spontanim ustaljivanjem određenih postupaka u prisvajanju i raspolaganju prisvojenom imovinom. Ali već su prva ozbiljnija sukobljavanja individualnog i društvenog subjektiviteta u raspolaganju svojinskim objektima zahtevala organizovano propovedanje rigoroznijih moralnih i religijskih dogmi kojima je između jednog i drugog subjektiviteta povlačena oštrija granica da bi se sprečilo njihovo međusobno narušavanje.

Individualizacija svojine, kojom su njen individualni i društveni subjektivitet dovedeni do krajnje polarizacije, zahtevala je pored moralno-religijske, i pravnu kodifikaciju svojinskih odnosa, čiji je integritet morao biti obezbeđivan posebnom - državnom prinudom. Državno pravo je zapravo i nastalo prvenstveno iz potrebe autentičnog regulisanja svojinskih odnosa, koji u svom autentičnom obliku i jesu državotvorni i na državnu prinudu oslonjeni odnosi.

Ukoliko se, međutim, suprotnosti individualnog i društvenog subjektiviteta prevazilaze, svojinsko pravo dobija karakter opštedruštvenih normi, čije se uvažavanje sve više oslanja na opštedruštveni interes u meri u kojoj se svojinski subjektivitet proširuje na sve članove društvene zajednice. A sa nestajanjem otuđivanja i prisvajanja tuđeg rada, i opštedruštvene norme gube smisao svog postojanja ustupajući mesto naučno zasnovanom raspolaganju sredstvima društvene reprodukcije.

Vlasničke norme stvaraju sami vlasnici izražavajući kroz njih pre svega sopstvene inerese, koje predstavljaju kao interese društva, što oni stvarno i jesu ukoliko svojinski odnosi predstavljaju osnovu društvene zajednice. Iz takve zajednice nevlasnici su u suštini i izopšteni pošto nemaju gotovo nikakvog udela u artikulisanju njenih interesa.

Zbog toga vlasničke norme predstavljaju protivrečne ideološke dogme koje izražavanjem težnji za ovekovečenjem svojinskih odnosa

72

prikrivaju njihovu suštinu. Pošto prisvajanja nema bez otuđivanja, i pravo i moral i religija istovremeno štite i zabranjuju prisvajanje tuđeg, podržavajući potkradanje proizvođača na jednoj, i osuđujući prekradanje već pokradenog, na drugoj strani. Štićenjem se otuđeno vlasništvo u korist prisvajača štiti pre svega od njegovih izvornih vlasnika, a kad se od potencijalnih prisvajača počne štititi u korist izvornih vlasnika, onda ono prestaje biti i otuđenim vlasništvom.

DRUŠTVENO SANKCIONISANJE SVOJINE

Kao inkarnacija protivrečnosti svojinskih odnosa, svojinske norme su u funkciji njihovog potvrđivanja i održavanja jer samo dok one postoje, postojaće i svojina. Pošto jedna strana protivrečnosti ne može postojati bez druge, svojinskim normama se ustoličavanjem svojine istovremeno ustoličavaju i prisvajanje i otuđivanje, kao jedinstveni interes prisvajača i eksploatisanih proizvođača, što sve dok su neizbežni, stvarno i jesu iako su istovremeno glavni osnov sukobljavanja njihovih klasnih interesa.

Ali baš zbog tog sukobljavanja, svojinske norme se ne mogu ostvarivati bez oslanjanja na društvenu prinudu kojom se spolja obezbeđuje njihovo uvažavanje i sprovođenje. Kao osnova proizvođačkog društva, svojina je uslov opstanka svih njegovih pripadnika, a kao otuđeni rad eksploatisanih proizvođača, ona je ovaploćenje njihovog nestanka. Zbog pozitivne strane te protivrečnosti (podudarnosti interesa), svojinske norme se doživljavaju kao društvena neminovnost, koja se zbog negativne strane protivrečnosti (suprotstavljenosti interesa) svesno narušava, što je bez organizovane društvene prinude nemoguće sprečiti.

Zbog toga su se i prvobitne običajne norme, kojima su tek uspostavljani svojinski odnosi, morale oslanjati makar na sasvim blagi prekor društvene sredine, dok je krađa privatne imovine mogla biti sprečavana samo snažnom moralnom osudom, religijskim pretnjama nemilosrdnom božjom kaznom i rigoroznim kaznenim merama države. Strah od nekakve i nečije kazne sistematski uterivan u podaničku svest potencijalnih grešnika, oduvek je predstavljao glavnu snagu vladajućih društvenih normi kojom je obezbeđivano održavanje postojećih svojinskih odnosa.

Strah od kaznenih mera ne bi se, međutim, mogao stvarati samim pretnjama da se one stvarno i ne primenjuju. Svaka otkrivena krađa podleže i moralnim i religijskim i pravnim sankcijama, radi čega se pored spontanog reagovanja javnosti, u pokret stavlja ceo aparat crkvene i državne vlasti, koja i postoji pre svega radi zaštite svojine i održavanja vladajućih svojinskih odnosa.

Kao ekonomska osnova neposredne ljudske proizvodnje koja se zasniva prevashodno na fizičkoj snazi proizvođača, i svojina se mora održavati prevashodno uz pomoć fizičke snage, kao što se u životinjskom svetu uopšte fizičkom snagom osvaja i štiti osvojena teritorija. Fizička sila je stoga od početka bila i ostala glavno sredstvo prisvajanja i zaštite prisvojene imovine.

Rat je, kao bukvalna primena fizičke sile, bio i jedino sredstvo prvobitnih plemenskih zajednica za osvajanje tuđih i zaštitu sopstvenih teritorija. Unutarnja diferencijacija plemenskog vlasništva zahtevala je stvaranje posebnih institucija, pre svega crkve i države, za primenu fizičke i duhovne prinude u zaštiti svojinskog monopola.

Iako je pozvana da stvara pre svega duhovnu zasleplјenost o svetosti svojine, crkva to nije mogla činiti bez fizičkog kažnjavanja prestupa protiv njenih propovedi. Da bi se stvorilo osećanje strahopoštovanja pred najvećom ovozemaljskom svetinjom, pretnja božjom kaznom morala je biti dopunjavana i ovozemaljskim, fizički opipljivim kaznama. Moćna crkvena organizacija, koja se u toj funkciji postavlja između nemoćnih vernika i svemoćnog božanstva, mogla je biti stvarana samo na osnovama privatnog vlasništva, i stvorena je uglavnom radi njegove zaštite.

Na istim ekonomskim osnovama i s istim osnovnim ciljem stvarana je i moćna državna organizacija, kao "... *sopstvena vlast privatnog vlasništva...*"[70], jer je "... *veliki i glavni cilj udruživanja ljudi u države i njihovog stavljanja pod vladu očuvanje njihove svojine*"[71]. Monopol na silu oslonjene državne vlasti neposredno proisiče iz svojinskog monopola, i u funkciji je njegove neposredne zaštite, bez koje svojinskog monopola ne bi ni bilo.

---

[70] K. Marks, *Kritika Hegelove filozofije državnog prava*, K. Marks, F. Engels, Dela, isto, tom 3, str. 87

[71] John Locke, cit., rad, str. 72

Ali iako se u zaštiti svojine oslanja prvenstveno na silu, država za to koristi i duhovnu prinudu, i to sve više što sa razvojem svojinskih odnosa fizička prinuda postaje sve neefikasnijom. Ukoliko društveni subjektivitet svojine sa otuđene države prelazi na samo društvo, i funkciju njene zaštite od državnog aparata preuzima celo društvo, koje na putu ukidanja svake prinude, fizičku prinudu sve više zamenjuje neposrednom duhovnom prinudom.

Pri naturalnoj proizvodnji, zasnovanoj prevashodno na fizičkoj snazi proizvođača, fizička prinuda je predstavljala prevashodno sredstvo i prisvajanja i društvene zaštite prisvojenog, a već pri prelasku na robnu proizvodnju, u kojoj sve više preovlađuje duhovna snaga proizvođača, fizičku prinudu počinje zamenjivati dobrovoljni pristanak, izražen u ravnopravno zaključenom ugovoru, kojem je pretnja spoljašnjom prinudom potrebna još samo za to da bi se postignuti dogovor ispoštovao. A ukoliko se s automatizacijom proizvodnje i stvaranjem životnog izobilja svojinski monopol gasi, svaka prinuda u funkciji njegove zaštite postaje bespredmetna.

ZAŠTITA NARUŠAVANJEM I NARUŠAVANJE ZAŠTITOM SVOJINE

Smisao društvene zaštite svojine je u njenom održavanju, a da bi se održavala, ona se mora reprodukovati, zbog čega je zaštita svojine u osnovi zaštita njenog reprodukovanja. I pošto se reprodukovanje svojine vrši prisvajanjem, njena zaštita je u suštini zaštita prisvajanja, kojim se ona održava i uvećava jer je uvećavanje uslov njenog trajnog održavanja.

S obzirom da je prisvajanje u funkciji trajnog održavanja svojine, i da prisvajanja nema bez otuđivanja, zaštita svojinskog subjektiviteta na jednoj, ne može se vršiti bez narušavanja svojinskog subjektiviteta na drugoj strani. Da bi se održavala svojina kao društveni objektivitet, štićenjem svojinskog subjektiviteta prisvajača narušava se svojinski subjektivitet otuđivača svojinskog objekta.

Prisvajanje već samo po sebi znači ukidanje svojinskog subjektiviteta otuđivača, koji se otuđivanjem svojinskog objekta prenosi na prisvajača. Sam čin tog prenošenja za otuđivača znači gubljenje, a za prisvajača sticanje svojinskog subjektiviteta, koji se prelaženjem sa jednog subjekta na drugog kao svojinski objektivitet izdiže iznad konkretnih subjekata. To kretanje vrši se u otvorenom lancu svojinskih subjekata koji se od samog izvora svojinskog objekta proteže u nedogled.

Već na samom izvoru svojinski objekt se otuđivanjem od proizvođača lišava svog izvornog subjektiviteta prelazeći u vlasništvo prisvajača, koji sa njegovim stvaranjem ne moraju imati nikakve veze. A ako je proizvođač predmet eksploatacije, on je pod društvenom zaštitom samo kao svojinski objekt lišen svojinskog subjektiviteta nad proizvodima koje svojim radom stvara, što je nepobitni dokaz da u proizvođačkom društvu proizvod dominira nad proizvođačem, a svojinski objekt nad svojinskim subjektom.

Ta dominacija ne ostvaruje se samo nad proizvođačima nego i nad prisvajačima otuđenih proizvoda, čiji se svojinski subjektivitet stalno narušava i ograničava pre svega zato da bi se zaštitila svojina kao društveni objektivitet. Svojinska prava prenose se ne samo sa nesposobnih na sposobne, već i sa nesposonijh na sposobnije vlasnike, radi čega se i individualno vlasništvo pretvara u kolektivno. Ni ograničavanje monopola jednih radi zaštite monopola drugih vlasnika ne vrši se toliko zbog vlasnika koliko radi održanja samog vlasništva.

Vlasništvo se, uostalom, štiti i od njegovih sopstvenih vlasnika kad njime nesavesno raspolažu, što najbolje svedoči da nije vlasništvo tu radi vlasnika već da vlasnici postoje radi vlasništva. Prisiljavanjem na savesno raspolaganje sopstvenim vlasništvom društveno zagarantovani subjektivitet vlasnika otvoreno se narušava radi zaštite društvenog objektiviteta tog istog vlasništva.

Ni zabrana međusobnog narušavanja svojinskog subjektiviteta vlasnika ne vrši se prvenstveno radi vlasnika već radi samog vlasništva, da bi se obezbedilo njegovo održavanje i reprodukovanje. Zabranom međusobnog narušavanja svojinskog subjektiviteta konkretnih vlasnika brani se kao društveni objektivitet vlasništvo svih vlasnika, čiji se individualni subjektivitet štiti samo utoliko ukoliko se štiti opšti subjektivitet vlasništva.

Zaštita vlasništva a ne vlasnika predstavljala je istorijski uslov njegovog održavanja, uvećavanja i razvijanja vlasničkih odnosa. Tokom cele istorije proizvođačkog društva jedni vlasnici su obezvlašćivani a drugi ovlašćivani da bi vlasništvo jačalo i dobijalo razvijenije oblike jer je upravo to predstavljalo osnovni uslov razvijanja same proizvodnje. Pri tom su ne samo pojedini vlasnici već i velike društvene grupe obezvlašćivane i zamenjivane novim vlasničkim grupama kao nosiocima novih i razvijenijih oblika vlasništva.

Razaranje amorfnog plemenskog vlasništva njegovom unutarnjom diferencijacijom značilo je rađanje ne samo individualnog već i novog kolektivnog svojinskog subjektiviteta, koje je predstavljalo veliku revolucionarnu promenu na samom startu razvoja svojinskih odnosa. To je dalo snažan podsticaj razvoju proizvodnje, radi čega su nasilnim

78

porobljavanjem čitavih plemena stvarani robovlasnički odnosi, kojima je izvršena velika podela proizvođačkog društva na proizvođače i vlasnike, i time postavljeni temelji njegove klasne polarizacije. Feudalno vlasništvo stvarano je obezvlašćivanjem robovlasnika, a kapitalističko obezvlašćivanjem zemljovlasnika, ali je i vladavina svakog od pojedinih oblika vlasništva održavana uz stalno zamenjivanje starih vlasnika novim.

Kao vladajući oblik vlasništva, kapital ne obezvlašćuje samo zemljovlasnike već i sopstvene vlasnike, s tendencijom da radi sopstvenog održanja obezvlasti sve vlasnike. Ukoliko se istrže iz ruku pojedinačnih vlasnika pretvarajući se u samostalnu društvenu silu, on sve više sam sebe štiti stavljajući sredstva društvene reprodukcije pod svoju neposrednu komandu. A ukoliko se prevazilaženjem suprotnosti između individualnog i društvenog subjektiviteta u njegovom raspolaganju, kapital pretvara u opštedruštvenu imovinu, društvena zaštita mu postaje i suvišna jer se više nema od koga štititi.

Bez razrešavanja suprotnosti između individualnog i društvenog subjektiviteta kapital i ne može dostići svoj razvojni zenit, ali to znači njegovo razaranje kao poslednjeg i najrazvijenijeg oblika vlasništva. Šumpeter tačno uočava da "... kapitalistički proces potiskuje u pozadinu sve one institucije, naročito institucije svojine i slobodnog ugovaranja, koje izražavaju potrebe i načine zaista "privatne" ekonomske aktivnosti...", tako da "... sam njegov uspeh potkopava društvene institucije koje ga guše i "neizbežno" stvara uslove, pod kojima neće biti u stanju da dalje živi"[72].

Nivo opštedruštvenog monopola, kojem radi svog održanja neodoljivo teži, kapital može dostići samo narušavanjem sopstvenog monopola, koje vodi ukidanju svakog svojinskog monopola jer opštedruštveni monopol i ne znači ništa drugo nego antimonopol ili kraj svakog monopola.

---

[72] Šumpeter J., *Kapitalizam, socijalizam i demokratija*, "Kultura", Beograd, 1960, str. 209 i 100

IV

SAMOUPRAVLJANJE I UPRAVLJANJE SVOJINOM

UPRAVLJANJE SVOJINSKOG SUBJEKTA SVOJINSKIM OBJEKTOM I SVOJINSKOG OBJEKTA SVOJINSKIM SUBJEKTOM

U središtu svojinskog raspolaganja je upravljanje svojinskog subjekta svojinskim objektom. Sam vlasnik odlučuje o svom vlasništvu: kako će ga upotrebljavati i koristiti, i hoće li to činiti sam ili će svoja vlasnička prava, uključiv i samo pravo raspolaganja, prenositi na druge. Monopol na raspolaganje je u suštini monopol na odlučivanje, a vlasništvo vlast nad svojinskim objektom. Neko nekim objektom samo utoliko istinski raspolaže ukoliko o njegovoj sudbini suvereno odlučuje.

Zato je svojinski objekt nemoguće ustupiti na upravljanje a da se time ne ustupi na samo raspolaganje, i upravo koliko se ustupa na upravljanje, toliko se ustupa na raspolaganje. Svako sudelovanje u svojinskom raspolaganju nužno uključuje sudelovanje u upravljanju, ili se pretvara u golu fikciju. Ali u fikciju se pretvara i upravljanje bez svojine jer se ono kao društveni odnos u suštini svodi na svojinske odnose. Nečim ili nekim može se u društvenom smislu upravljati samo ako se njime raspolaže kao sopstvenim objektom jer je subjekt upravljanja u suštini svojinski subjekt, a objekt upravljanja svojinski objekt.

Stoga je, sa društvenog stanovišta, svako upravljanje u suštini samoupravljanje svojinskog subjekta svojinskim objektom, jer sopstvenim svojinskim objektom svaki sopstvenik sam upravlja. I ukoliko se pravo (samo) upravljanja ograničava, to se čini samo toliko koliko se ograničava svojinsko pravo, u koje se pravo (samo) upravljanja uključuje.

Ukoliko se, međutim, svojinski subjekt javlja kao svojinsko objekt, a svojinski objekt kao svojinski subjekt, i upravljanje svojinskog subjekta svojinskim objektom javlja se kao upravljanje svojinskog objekta svojinjinskim subjektom. Ako se, naime, svojinski objektom ne upravlja po sasvim slobodnoj volji svojinskog subjekta, nego prem objektivnim mogućnostima njegovog održavanja, upotrebljavanja i korišćenja, onda se upravljanje svojinskog subjekta svojinskim objektom javlja samo kao izraz upravljanja svojinskog objekta svojinskim subjektom.

Pošto je upravljanje svojinskim objektom upravo u funkciji njegovog održavanja, upotrebljavanja i korišćenja, ono se prema tome mora i upravljati, tako da se subjekt upravlja prema objektu, a ne objekt prema subjektu. Da bi održao svoje vlasništvo, vlasnik se mora povinovati objektivnim zakonitostima njegovog reprodukovanja, kojima se predodređuje i način upravljanja, pa vlasništvo na taj način upravlja vlasnikom umesto da vlasnik upravlja vlasništvom.

To na videlo izbija naročito kod upravljanja kapitalom kao najrazvijenijim oblikom vlasništva, koje je reprodukciji kapitala do te mere podređeno da joj podređuje i samog vlasnika, pretvarajući se u automatizovanu funkciju elektronskih mozgova, potpuno indiferentnih prema vlasničkoj funkciji. Vlasnik kapitala se tome mora povinovati da bi opstao ne samo kao kapitalista već i kao živo biće ukoliko mu je prinos od kapitala jedini izvor egzistencije. Na vrhuncu razvoja vlasničkih odnosa vlasnik sve više gubi vlast nad svojim vlasništvom, ali se time nepovratno gube i vlasnik i vlasništvo ustupajući pred slobodnim, nevlasničkim odnosima.

Sa nestajanjem vlasnika i vlasništva nestaje i upravljanja - i svojinskog subjekta svojinskim objektom, i svojinskog objekta svojinskim subjektom. Automatizacija proizvodnje zahteva i automatizaciju upravljanja: kako proizvodnim procesima, tako i gotovim proizvodima. Zajedno sa funkcijom proizvodnje automati preuzimaju i od nje neodvojivu funkciju (samo) upravljanja.

UPRAVLJANJE KAO OTUĐENO SAMOUPRAVLJANJE

Ako je suština svojine u samoraspolaganju, suština upravljanja je u samoupravljanju sopstvenim vlasništvom. Svako može upravljati samo onim što mu pripada, i niko ne može upravljati nečim što mu ni po kom osnovu ne pripada, kao što se ništa ne može smatrati svojim čime se upravljati ne može jer je mogućnost upravljanja suštinska odrednica stvarne pripadnosti i stvarnog raspolaganja svakim vlasništvom.

Kao otuđeni rad, svojina podrazumeva da je upravljanje otuđeno samoupravljanje. Upravljanje izvornom, sopstvenim radom stečenom svojinom je izvorno upravljanje ili samoupravljanje koje podrazumeva da izvorni vlasnik upravlja i sopstvenim vlasništvom i samim sobom jer je on samom sebi i objekt i subjekt vlasništva. Nasuprot tome, upravljanje otuđenom, ili tuđim radom stečenom svojinom je otuđeno samoupravljanje, koje pored otuđenog vlasništva za svoj objekt ima i obezvlašćenog (ili potencijalnog) izvornog vlasnika.

Prvobitnu plemensku svojinu odlikovalo je prvobitno samoupravljanje plemenske zajednice jer je to bila izvorna, zajedničkim trudom stečena svojina svih članova zajednice, koji su upravljajući zajedničkom imovinom, zajednički upravljali sami sobom. A i takvom zajednicom je više upravljala priroda nego što je ona upravljala sama sobom jer je više zavisila od proizvoda prirode nego od sopstvene proizvodnje.

Razvoj ljudske proizvodnje je omogućio ne samo da proizvođači upravljaju svojim proizvodima već i da proizvodi upravljaju proizvođačima. Kao sredstvo životne egzistencije proizvođača, proizvod je postao ne samo njegova pretpostavka nego i njegov pretpostavljeni, čijoj se proizvodnji, radi sopstvenog opstanka, mora posvetiti, i čijoj se vladavini zbog toga mora povinovati.

Vladavina otuđenog proizvoda nad proizvođačem uslovila je vladavinu otuđenih vlasnika nad obezvlašćenim nevlasnicima. Bez vladavine proizvoda nad proizvođačem vladavina jednog dela društva nad njegovim drugim delom, umesto vladanja celog društva samim sobom, niti bi bila moguća niti bi imala nekakvog smisla. Težnja za vlašću nad proizvođačem proističe iz težnje za vlašću nad proizvodom da bi se nadvladala vlast proizvoda nad samim vlasnikom.

Da bi se obezbedila vlast nad proizvodom morala je, izokretanjem i otuđivanjem plemenske samouprave, biti obezbeđena vlast nad proizvođačem, pa su organi gentilnog uređenja "... *od oruđa narodne volje postali samostalni organi gospodarenja i ugnjetavanja prema sopstvenom narodu...*"[73], tako da je "... *emancipacijom privatne svojine od zajednice država postala posebna egzistencija pored i izvan građanskog društva*"[74].

Podržavljenje društvenosti plemenskog vlasništva, koje je odlikovalo njegovu privatizaciju, podrazumevalo je pretvaranje plemenske samouprave u državnu upravu, zajedničke prinudnosti u prinudno zajedništvo. Dok je se plemenska samouprava oslanjala na prirodnu neminovnost još neizdiferenciranog primitivnog zajedništva, otuđena državna uprava je pomoću sopstvene sile obezbeđivala zajedništvo već isprivatizovanih i stoga relativno osamostaljenih i međusobno suprotstavljenih individua.

Dok su pripadnici plemena zajednički upravljali plemenskom imovinom, njena privatizacija je značila i privatizaciju upravljanja - preko kolektivnog odlučivanja gensova i porodičnih domaćinastava do autokratske vladavine individualnih vlasnika. Otuđivanje plemenske samouprave išlo je, po liniji otuđivanja svojine, u dva osnovna smera - stvaranja javne i privatne uprave, čija je individualizacija vršena kroz monopolizaciju vlasti državnih suverena na jednoj, i privatnih vlasnika na drugoj strani.

Iako su podvojene i međusobno suprotstavljene, državna i privatna uprava predstavljaju neodvojive polove jedinstvene, od proizvođača

---

[73] F. Engels, *Poreklo porodice, privatne svojine i države*, isto, str. 130

[74] K. Marks, F. Engels, *Nemačka ideologija*, Dela, isto, tom 6, str. 68

otuđene društvene uprave. Ta jedinstvenost počiva upravo na otuđenoj društvenosti jer kao što je podržavljena društvenost osnova individualnosti privatne svojine, tako je državnost osnova individualnosti privatizovanog upravljanja. U svim, na svojinskim odnosima zasnovanim sistemima upravljanja privatne odluke moraju biti u skladu, ili se bar ne smeju suprotstavljati državnim odlukama.

S individualizacijom svojine vršena je i odgovarajuća individualizacija upravljanja, koja se u kvantitativnom pogledu ogledala u povećavanju broja upravljača, a u kvalitativnom pogledu u povećavanju njihove samostalnosti. Dok u prvobitnoj zajednici individualnog upravljanja gotovo nije ni bilo jer je zajednica po nuždi prirode više upravljala pojedincima nego pojedinci zajednicom, u robovlasništvu su individualni upravljači bili uglavnom slobodni građani koji su imali čime upravljati, u feudalizmu je već svaki starešina porodice upravljao svojim porodičnim domaćinstvom, dok u kapitalizmu bukvalno svaki punoletni građanin samostalno upravlja bar svojom radnom snagom i njenim iznajmljivanjem stečenom zaradom.

Istovremeno s osamostalji-vanjem vršeno je društveno podređivanje subjekata individualnog upravljanja, kojim je ono povezivano u jedinstven centralizovani sistem upravljanja, gde je sve veća individualizacija zahtevala i sve veću centralizaciju odlučivanja. Dok su subjekti individualnog upravljanja prestavljali manjinu društva, a većina proizvođača samo objekt upravljanja, neka velika subordinacija centralnoj državnoj upravi nije ni bila neophodna, pa je od strane povlašćenih bilo moguće i demokratsko upravljanje državnim poslovima, a čim je individualno upravljanje prošireno na proizvođačke mase, ono je, radi održavanja integriteta podržavljene zajednice moralo biti centralizovano.

U takvoj zajednici mora naspram mnoštva individualnih upravljača, kao oličenje državnog suvereniteta, i zaštitnik državnog integriteta, stajati takođe individualni upravljač kojem su svi ostali upravljači posredno ili neposredno podređeni. Kao vrhovni vlasnici društvene imovine, faraoni, carevi ili kraljevi su istovremeno i vrhovni poglavari koji pod svojom vlašću drže celu zajednicu.

Relativno razuđeno individualno upravljanje moglo se, uz pomoć državne sile, u jedinstveni sistem vlasti povezivati samo dok individualizacijom vlasništva nije prošireno na sve građane, a čim je razvijanjem robne proizvodnje otpočelo ekonomsko povezivanje individualnog vlasništva, započeto je na istoj osnovi i povezivanje individualnog upravljanja, koje je umesto autokratske, nagovestilo demokratsku vladavinu. Jedinstvo razuđene vlasti mora se sada umesto na principu autokratskog, održavati na principu demokratskog centralizma, gde se autoritet povlašćenih pojedinaca zamenjuje autoritetom celog naroda u kojem do izražaja dolazi volja svih pojedinaca.

SAMOUPRAVLJANJE KAO RAZOTUĐENO UPRAVLJANJE

Prelazak s autokratije na demokratiju znači u stvari razotuđenje upravljanja, ili ostvarenje njegove suštine - samoupravljanja, ali ne znači povratak na primitivnu samoupravu, koja je samo embrion samoupravljanja razvijenih i društveno samostalnih individua. Privatno svojinska individualizacija upravljanja značila je zapravo to osamostaljivanje i pripremanje ljudskih jedinki za zajedničko upravljanje društvenom imovinom i samim sobom, koje se jedino slobodnim opredeljivanjem samostalnih jedinki i može uspostaviti i održavati.

Kao što individualno vlasništvo podrazumeva individualno upravljanje, tako zajedničko vlasništvo podrazumeva zajedničko upravljanje, i kao što se zajedničko vlasništvo zasniva na integraciji individualnog vlasništva, tako se zajedničko upravljanje zasniva na integraciji individualnog upravljanja. Ali to je samo put do uspostavljanja izvornog, na sopstvenom radu zasnovanog zajedničkog vlasništva i samo njemu svojstvenog izvornog samoupravljanja, kao (samo) razotuđivanja i definitivnog (samo) ukidanja svakog vlasništva i svakog upravljanja.

(Samo) razotuđivanje upravljanja započeto je zapravo integrisanjem individualnog upravljanja u zajedničko upravljanje, kao što je (samo) razotuđivanje vlasništva započeto integrisanjem individualnog vlasništva u zajedničko vlasništvo. Nasuprot autarhičnosti naturalne proizvodnje, sa razdrobljenim vlasništvom i rascepkanim upravljanjem, koji se političkom prinudom moraju povezivati u jedinstvenu celinu, zajedništvo robne proizvodnje po svojoj prirodi zahteva zajedničko vlasništvo i zajedničko upravljanje, koje povezuju prvenstveno ekonomski interesi i ekonomska prinuda.

Razvoj industrijske tehnologije zahtevao je neposredno integrisanje i najamnog rada i kapitala, pa stoga i upravljanja reprodukcionim tokovima, tako da su "... *odluke u modernim poslovnim poduzećima i pothvatima proizvod rada grupa a ne pojedinaca... Stvorena je situacija u kojoj poduzetnik više ne postoji kao individualna osoba ni u jednom zrelom industrijskom poduzeću...*", već je "*... uprava firme preuzela od poduzetnika moć upravljanja poduzećem...*", a "*... uprava je kolektivna i nepotpuno definisana jedinka...*", u koju je "*... uključen samo malen dio onih koji sudjeluju u odlučivanju*"[75].

Podruštvljavanje upravljanja industrijskim kapitalom ne odvija se samo u krugu njegovih legitimnih vlasnika, već zahvata i nevlasnike, naročito menadžere, koji preuzimajući funkcije upravljanja dobijaju i prevlast nad vlasnicima. *"Ljudi koji danas upravljaju krupnim korporacijama nisu ujedno vlasnici značajnog dijela njihovih akcija...*", pa "*... iako je u normalnim prilikama njihov udio u vlasništvu neznatan, oni drže čvrsto u svojim rukama vlast nad poduzećem*"[76].

Ukoliko umesto kapitala znanje postaje osnovni činilac proizvodnje, nosioci znanja umesto vlasnika kapitala postaju osnovni subjekt upravljanja, jer se "*... odluke temelje na različitim specijaliziranim naučnim i tehničkim znanjima, na akumuliranim informacijama, na nagomilanom iskustvu i na umjetničkom ili intuitivnom smislu, odnosno nadarenosti mnogih osoba...*". Zato "*... među dvije stotine najkrupnijih korporacija u SAD-a upravo te korporacije sačinjavaju srce i jezgru industrijskog sistema - malo je takvih u kojima vlasnici imaju bilo kakav značajniji utjecaj kad se radi o donošenju odluka, a i taj utjecaj, tamo gje još postoji, slabi iz godine u godinu*"[77].

Širenjem funkcije upravljanja sa vlasnika na nevlasnike vrši se demonopolizacija, koja znači ukidanje i upravljanja i vlasništva. Već u krugu samih vlasnika podruštvljavanje upravljanja vodi sužavanju njihovog monopola, tako da "*...pretvaranjem svojine u akcionarsku svojinu vlasnik postaje vlasnik s manjim pravom...*", jer je "*... kao posednik akcije zavisan od odluka svih drugih posednika akcija*"[78], a prenošenjem upravljanja i na zaposlene monopolska prava individualnih vlasnika se još više sužavaju.

---

[75] John Kenneth Galbraith, cit. rad, str. 74 i 80

[76] Isto, str. 15 i 60

[77] Isto, str. 92

[78] Rudolf Hilferding, cit. rad, str. 152

Podruštvljavanje upravljanja industrijskom proizvodnjom ne zatvara se, međutim, u proizvodne firme već zahvata i neproizvodne sfere, pa i samu državu jer "... *moderna tehnologija povlači za sobom sve veće jačanje i proširenje funkcija moderne države...*"[79], koje više ne mogu predstavljati monopol povlašćenih pojedinaca već moraju zahvatati celu društvenu zajednicu. S podruštvljavanjem svojine industrijska tehnologija donosi i podruštvljavanje upravljanja, kojim se autokratska država transformiše u demokratsku državu.

Celokupan razvoj industrijske proizvodnje neizbežno vodi jačanju, ali ne autokratske već demokratske države. Ako se u početku ono ogledalo u prenošenju državnih funkcija s inokosnih državnika na sve razgranatiji državni aparat, kao što su se preduzetničke funkcije s individualnih vlasnika prenosile na kolektivnu profesionalnu upravu, s prenošenjem neposrednog upravljanja preduzećem na sve zaposlene, i neposredno upravljanje državom mora se prenositi na sve državljane jer jedno bez drugog nije moguće.

Prenošenje upravljanja državom na sve državljane je u suštini razotuđivanje, samoukidanje ili odumiranje, i države i upravljanja jer ukoliko svi sami sobom upravljaju, utoliko prestaje upravljanje jednih drugima, kao što svako prestaje biti vlasnikom ukoliko svi postaju vlasnicima. Ako treba da se izjednači sa narodom, država ne može odumreti jačanjem, nego mora jačati odumiranjem, a "država naroda" koja tako dolazi na mesto "naroda države" više i nije država u pravom smislu - kao posebna, od naroda otuđena i narodu suprotstavljena sila.

Nasuprot izvornom marksizmu, koji je mogućnost jačanja narodne (socijalističke) države video u njenom odumiranju, podržavljeni komunistički pokret je puteve odumiranja svoje države tražio u njenom jačanju, što je umesto samoukidanja države vodilo samukidanju samog komunističkog pokreta. Izjednačavanju društvene svojine sa državnom svojinom sasvim je odgovaralo izjednačavanje narodne države s otuđenom birokratskom državom.

---

[79] Isto, str. 18

Jugoslovenski pokušaj da se ta "greška" kalemljenjem samoupravljanja na birokratsku državu ispravi, doveo je do raspadanja tako iskonstruisanog hibrida pre nego što je i počeo da funkcioniše. Iz nedefinisane društvene svojine, iza koje se skrivala državna svojina, izvedeno je nedefinisano samoupravljanje, kojim je prikrivana stvarna vlast državne birokratije.

Svi državljani mogu upravljati svojom državom samo ukoliko svi raspolažu državnom imovinom, ali se utoliko, i samo utoliko državna imovina pretvara u neposredno društvenu imovinu, a državno upravljanje u neposredno upravljanje ili izvorno samoupravljanje svih imalaca društvene imovine. Država naroda ili istinski narodna država može biti jedino samoupravna organizacija samoga naroda, koja ne nastaje uporedo i nasuprot postojeće države već demokratskom transformacijom same državne organizacije.

Ako društveno samoupravljanje podrazumeva neposredno raspolaganje osnovnim činiocima društvene reprodukcije, onda se ono može ostvarivati samo utoliko ukoliko glavnim činiocem reprodukcije postaje znanje, koje svima pripada podjednako jer nikom ne pripada izuzetno, što znači da samoupravljanje nije ništa drugo do (na odumirućoj svojini zasnovano) odumiruće upravljanje, te da svako postaje upravljač ukoliko svi prestaju biti upravljačima jer svako postaje vlasnik ukoliko svi prestaju biti vlasnicima.

Kao osnovni uslov odumiranja svojine, automatizacija proizvodnje je osnovni uslov i za odumiranje upravljanja. Spajanje proizvodnje i upravljanja, koje se može izvršiti samo putem automatizacije, nije međutim, put do samoupravljanja već je put samog samoupravljanja jer vodi ukidanju i proizvodnje i upravljanja kao neposredno ljudskih delatnosti. Proizvođači stoga mogu samo postajati, ali nikada ne mogu i postati neposredni upravljači jer ukoliko to postaju utoliko i prestaju biti, i proizvođačima i upravljačima. Pošto će se potpunom automatizacijom proizvodnje automatizovati i upravljanje, čoveku će ostati samo da se bavi unapređivanjem proizvodnje i upravljanja, što mu po prirodi njegovog bića i pripada.

V
SAMOSVOJNOST I OTUĐENOST LJUDSKE JEDINKE

SVOJINA KAO OSNOVA SLOBODE I ROPSTVA

Ako suštinu ljudskog bića čini ljudski rad, suština slobode ljudske jedinke je u slobodi njenog rada, koja se, po Loku, sastoji u tome da ljudi "... *određuju svoje radnje i raspolažu svojim posedima i ličnostima kako smatraju da je prikladno u granicama prirodnog zakona, a da ne pitaju za dopuštenje nekog drugog čoveka ili da zavise od njegove volje*"[80]. Slobodni rad "... *bio bi slobodno ispoljavanje života, stoga užitak života ...*", u njemu bi "... *bila potvrđena svojevrsnost moje individualnosti, jer je potvrđen moj individualni život; rad bi dakle bio pravo, djelatno vlasništvo*"[81].

Ali ukoliko rad nije smisao nego sredstvo života, "... *on je ospoljavanje života, jer ja radim da bih živeo, da bih sebi pribavio sredstva za život...*", i zato "... *moj rad nije život...*", on je "... *samo iznuđena djelatnost nametnuta spoljašnjom slučajnom nuždom, a ne unutrašnjom neophodnom nuždom*"[82]. Stoga proizvodni rad, koji za osnovni cilj ima proizvod a ne uživanje u samom procesu rada, nije slobodna već prinudna delatnost koja se ne obavlja zato što se želi već zato što se mora.

Opredmećivanjem rada, u proizvodu se opredmećuje sam radnik jer je upravo proizvodni rad samo biće radnikovo, njegova životna energija koja ga ga, svrsishodnim trošenjem, po njegovoj volji napušta i otuđuje se u spoljašnjem objektu koji više nije organski deo njegovog bića. Zato u svakom proizvodu ljudskog rada čuči otuđeni proizvođač koji se naspram živog proizvođača postavlja kao sredstvo i nezamenljivi uslov njegove egzistencije, te stoga kao sudbonosni činilac, i njegove slobode i njegovog ropstva.

---

[80] Cit. rad, knj.II, str. 11

[81] K. Marks, *Napomene uz spise iz nekih pročitanih dela*, K. Marks, F. Engels, Dela, isto, tom 3, str. 290-291

[82] Isto

Kao sredstvo životne egzistencije proizvođača, otuđeni proizvod je istovremeno nezamenjivi uslov njegove slobode jer samo živ može biti slobodan. Proizvodeći sredstva svoje egzistencije, čovek proizvodi svoju slobodu jer proizvodi samoga sebe, manje ili više nezavisno od sudbonosnih ćudi prirode, nad kojom preuzima komandu istržući se ispod njene komande.

Ali upravo zbog toga što je nezamenjivi deo njegove egzistencije, otuđeni proizvod je istovremeno i apsolutni gospodar nad proizvođačem, koji mu posvećuje ceo život (i koji mu se i u svojim molitvama klanja) usredsređujući celo svoje biće na proizvodnju. Ukoliko izmiče apsolutističkoj vlasti prirode, proizvođač potpada pod apsolutističku vlast sopstvenog proizvoda, zbog čega se cela epoha ljudske proizvodnje (u kojoj je čovek neposredna proizvodna snaga) može označiti kao vladavina opredmećenog rada nad živim radom.

Kao izraz te vladavine, svojina je mogla nastati i održavati se samo na spomenutom protivrečnom odnosu između neposrednog proizvođača i njegovog proizvoda. Tehnološki već otuđen, proizvod se od svog proizvođača, i društveno mogao nepovratno otuđiti, te ne samo neposredno već, preko svog vlasnika kao otuđena društvena sila, i posredno njime zagospodariti.

Proizvodnja viškova proizvoda iznad neophodnog egzistencijalnog minimuma proizvođača omogućila je da i neproizvođači prisvajaju tuđe proizvode i na taj način obezbeđuju ne samo svoju egzistenciju nego i svoju vlast nad prozvođačem, pretvarajući ih u sredstvo sopstvene egzistencije i sopstvene slobode. Zato nije neposredno sam proizvodni rad nego je, kao njegovo otuđeno opredmećenje, svojina (koliko veličana toliko anatemisana) postala neposredna osnova, i ljudske slobode i ljudskog ropstva.

Zahvaljujući prisvajanju tuđeg rada, svojina je nezavisno od sopstvenog rada postala presudni činilac ljudske slobode. Imati ili nemati, a ne raditi ili ne raditi, značilo je biti ili ne biti jer je imanje, a ne delanje, postalo sudbonosni uslov opstajanja. Opstanak nije obezbedio

96

onaj ko je stasao u proizvodnog radnika, već ko je stekao (svejedno čijim radom proizvedeno) materijalno bogatstvo.

Zato je vlastito bogatstvo, a ne vlastiti rad, postalo glavni cilj i osnovni smisao ljudskog života. *"Pored velikih obećanja u vezi sa životom na onom svetu, Zaratustra za sebe i svoje verne pristalice očekuje da božija milost donese pre svega bogatstvo. Kao nagradu za moralno ponašanje, budizam obećava svetovnjacima častan i dug život i bogatstvo, u potpunom skladu sa učenjem sveindijske verske unutarsvetske etike. Bog bogatstvom blagosilja pobožnog Jevrejina. A kod asketskih pravaca protestantizma (kalvinista, baptista, menonita, kvekera, reformisanih pijetista, metodista), bogatstvo je – ukoliko je stečeno racionalno i legalno – i jedan od simptoma "potvrde" stanja milosti"*[83].

Kad je bogatstvo odlučujući uslov i osnovni smisao ljudskog života, identitet ljudske jedinke ne potvrđuje se njenim delanjem već njenim imanjem, ona vredi koliko vredi njena imovina, moćna je toliko koliko poseduje, i slobodna je koliko je bogata. Kako konstatuje Erih From, *"...za modernog čoveka ideja privatne svojine postala je nešto sveto, što se više ili manje izjednačava sa slobodom ili ličnim identitetom..."*, i *"...ko oduzme čoveku svojinu, uništava ga time kao individuuma..."*, a *"...to je tako pre svega stoga što u jednom sistemu koji ne smatra bitnim biće nego imanje, čovek doživljava sebe kao ličnost prevashodno na osnovu svojine koju poseduje ili kontroliše"*[84].

Do individualne samosvojnosti ljudska jedinka nije ni mogla doći drugačije nego prisvajanjem spoljašnjih uslova svoje egzistencije jer samo ukoliko vlada tim uslovima može vladati i sama sobom, a svojina je u uslovima relativne oskudice, *"...kao neko proširenje samog sebe na spoljašnje predmete, na stvari, ili uvlačenje spoljašnjih predmeta, stvari u vlastitu orbitu..."*[85], bez kojeg ljudska jedinka ne može samostalno egzistirati.

---

[83] Maks Veber, *Privreda i društvo*, "Prosveta", Beograd, 1976, tom I, str. 444

[84] *Revolucija nade*, "Grafos", Beograd, 1978, str. 162

[85] S. S. Aleksejev, cit. rad, str. 57

Individualizacijom prvobitne plemenske svojine vršena je individualizacija i ljudske jedinke, koja se time oslobađala svoje zavisnosti, i prema prirodi i prema drugim ljudima, jer "... *čovjekovo pravo na privatno vlasništvo je pravo da se po svojoj volji (a' son gre'), bez obzira na druge ljude, nezavisno od društva, uživa sopstvena imovina i da se njom raspolaže...*"[86], pa je prisvajanje i Hegel smatrao glavnim dokazom slobodne volje[87].

Ali samim prisvajanjem se uslovi životne egzistencije ljudi ne stvaraju nego samo preraspodeljuju, zbog čega se sloboda na jednoj strani, stiče porobljavanjem ili lišavanjem slobode na drugoj strani. Time se i samo stvaranje povoljnih uslova egzistencije podređuje interesima jedne strane, tako da je "... *svaki napredak proizvodnje istovremeno nazadak u položaju eksploatisane klase, ... svaka blagodat za jednu klasu neminovno je zlo za drugu, svako novo oslobođenje jedne klase je novo ugnjetavanje druge klase*"[88].

Društveni smisao prisvajanja zapravo i jeste u koncentraciji društvenog bogatstva izrabljivanjem samog društva, koje se ne može vršiti bez koncentracije društvene slobode porobljavanjem društva. Ista sredstva bogaćenja i oslobađanja na jednoj, su sredstva izrabljivanja i porobljavanja na drugoj strani, zbog čega je neposredni proizvođač kao objekt eksploatacije u podređenom položaju, i prema eksploatatoru i prema (sopstvenim radom stvorenim) sredstvima eksploatacije.

I što je podređenost eksploatatoru prikrivenija, podređenost sredstvima eksploatacije sve je otvorenija, tako da dominacija opredmećenog rada nad živim radom sve više izbija na videlo. U robovlasništvu to je još neuočljivo jer je rob zajedno sa sredstvima eksploatacije (sa kojima je kao svojinski objekt u društvenom tretmanu, i pravno izjednačen) neposredno podređen svom gospodaru, za kojeg su sredstva

[86] K. Marks, *Kritika Hegelove filozofije državnog prava*, isto, str. 139

[87] Vidi: Herbert Markuze, *Um i revolucija*, "Veselin Masleša"-"Svjetlost", Sarajevo, 1987, str. 164 i 165

[88] F. Engels, *Poreklo porodice, privatne svojine i države*, isto, str. 139

eksploatacije ipak primarnija od objekta eksploatacije. U feudalizmu je podređenost objekta subjektu eksploatacije već uveliko posredovana sredstvima eksploatacije jer je kmet neposredno vezan za zemlju a tek preko zemlje i za zemljovlasnika, sa kojim u samom procesu proizvodnje nema nikakve neposredne veze.

Kapitalizam najamnog radnika već sve više, i gotovo u potpunosti (i pravno) oslobađa neposredne podređenosti poslodavcu, ali ga utoliko neposrednije vezuje za kapital kao osnovno sredstvo eksploatacije. Ako je ranije tretiran kao živi dodatak zemlji, sada se neposredni proizvođač (u obliku promenljivog kapitala) tretira kao živi dodatak postojanom kapitalu, koji se na račun njegovog smanjivanja sve više uvećava. I tehnološki, najamni radnik se pretvara u sve beznačajniji živi dodatak mrtvog kapitala jer "... *pretvorivši se u automat, sredstvo za rad istupa prema radniku za vreme samog procesa rada kao kapital, kao mrtav rad koji gospodari živim radom i isisava ga*"[89].

Ali sloboda i ropstvo su relativni odnosi, ili samo različite strane jednog te istog odnosa između porobljenika i porobljivača, koji ne samo što za jednog znači ropstvo a za drugog slobodu, već podrazumeva obostranu međuzavisnost, te stoga obostrano ropstvo i obostranu slobodu. Porobljava se samo onaj ko poseduje neku slobodu, kao što se svaki porobljivač sam vezuje za svog porobljenika, kojem se koliko toliko mora posvetiti da bi ga, radi ostvarivanja svojih ciljeva mogao porobljavati. Uostalom, samo se po sebi razume da se porobljavati mogu samo slobodni, a oslobađati samo porobljeni.

Kao osnovni izvor prisvajanja, proizvođač se ne bi mogao otuđivati i porobljavati kad ne bi bio bar toliko slobodan da može proizvoditi više nego što potroši. Taj višak proizvodne moći i radne energije koji mu preostaje iznad utroška za proizvodnju sredstava njegove sopstvene egzistencije, osnova je njegove slobode koju mu drugi mogu oduzeti i u ropstvo pretvoriti.

---

[89] K. Marks, *Kapital*, I tom, K. Marks, F. Engels, Dela, isto, tom 21, str. 374

Preko otuđenog viška proizvoda energija porobljenog proizvođača pretvara se u životnu energiju i moć njegovog porobljivača, koji stoga nije, u suštini, ništa drugo do sam otuđeni proizvođač pretvoren u sopstvenog porobljivača. Zato je svaki eksploatator toliko zavisan od objekta svoje eksploatacije da bez njega ne može ni postojati jer je upravo on taj, u subjekta eksploatacije preobraženi objekt. Ma koliko da je ugodna, ta zavisnost je jedna vrsta ljudskog ropstva kao cena za prisvojenu tuđu slobodu.

Pošto se tuđi rad i sloboda ne mogu eksploatisati bez odgovarajućih sredstava, eksploatator nije zavisan samo od objekta već i od sredstava eksploatacije kojima mora monopolski raspolagati da bi imao koga eksploatisati. I što je sa mehanizacijom proizvodnje postajao nezavisniji od objekta, eksploatator je bivao sve zavisniji od sredstava eksploatacije, pa kao "*... kapitalista funkcioniše samo kao personificirani kapital...*"[90], prema kojem je sve više nemoćan, i kojem je sve manje potreban.

I kao nevlasnik i kao vlasnik, ljudska jedinka je, prema tome, u podređenom položaju prema vlasništvu kao sopstvenom otuđenju. "*Svojina, sirovi, bezdušni element, suprotan ljudskom, duhovnom, podignuta je tako na tron, i u krajnjoj instanci, da bi se to otuđenje dovršilo, novac, otuđena, prazna apstrakcija svojine, učinjen gospodarom sveta...*"[91], jer."*... novac je opća, za sebe konstituirana vrijednost svih stvari, ... čovjeku otuđeno biće njegova rada i njegova opstojanja, i to tuđe biće njime vlada, a on mu se klanja*"[92].

Tog robovanja sopstvenom otuđenju čovek se ne može osloboditi dok se ne oslobodi samog otuđenja, dok otuđujući proizvodni rad ne zameni slobodnim stvaralačkim radom, jer "*... carstvo slobode počinje u stvari tek tamo gde prestaje rad koji je određen nevoljom i spoljašnjom svrsishodnošću; po prirodi stvari, ono, dakle, leži s one strane*

[90] K. Marks, *Rezultati neposrednog procesa proizvodnje*, "Kominist", Beograd, 1977, str. 18

[91] F. Engels, *Nacrt za kritiku političke ekonomije*, K Marks, F. Engels, Dela, isto, tom 4, str. 77

[92] K. Marks, *Prilog jevrejskom pitanju*, K. Marks, F. Engels, Dela, isto, tom 3, str. 147

oblasti same materijalne proizvodnje"[93]. Potpuna automatizacija proizvodnje i opšte izobilje životnih sredstava, koji će sada ekonomski vredne stvari učiniti bezvrednim i bespredmetnim za prisvajanje, osnovni su uslov za to.

To je osnovni uslov ne samo da se ukine vladavina opredmećenog nad živim radom, već i da se uspostavi vladavina živog nad opredmećenim radom, te da čovek umesto roba postane gospodar sopstvenog opredmećenja. a kad se čovek oslobađanjem od proizvodnog rada prestane otuđivati u sopstvenom proizvodu, perstaće i njegovo otuđivanje u drugom čoveku, pa će se ukidanjem vladavine proizvoda nad proizvođačem ukinuti i vladavina čoveka nad čovekom.

Razvoj svojinskih odnosa neodoljivo ide u tom pravcu. Kako piše Šumpeter, "*...kapitalistički proces, zamenjujući samo jedan paket akcija za zidove i mašine jedne fabrike oduzima životnu snagu samoj ideji svojine...*", jer "*...savremena korporacija, mada je proizvod kapitalističkog procesa, socijalizira buržoaski duh i nesumnjivo sužava obim kapitalističke pobude"*[94]. Socijalizacijom svojine stvari se obrću, i dok "*...kapitalistički sistem čini rad slugom kapitala, zadružni sistem čini kapital slugom rada"*[95].

Zato u svakom pogledu slabi lična identifikacija vlasnika sa vlasništvom i, prema Fromu, već "*...danas je malo ostalo od "ranijeg" osećanja prema svojini...*" kada je "*...čovek osećao izvesnu ljubav prema svome vlasništvu...*" i "*...bio ponosan zbog poseda"*. Danas "*...čovek voli novinu stvari koju kupuje i spreman je da je odbaci kad se pojavi nešto novije...*"[96], a preokupaciju stvarima sve više iz ljudske svesti i osećanja potiskuje preokupacija stvaranjem.

---

[93] K. Marks, *Kapital*, III tom, K. Marks, F. Engels, Dela, isto, tom 23, str. 682

[94] Cit. rad, str. 210 i 230

[95] Dr Džems Vorbas, cit. rad, str. 42

[96] *Zdravo društvo*, "Rad", Beograd, 1983, str. 143

PROIZVODNA STIMULATIVNOST I DESTI-MULATIVNOST SVOJINE

Protivrečno dejstvo svojine da oslobađanjem vrši poroblja-vanje, a porobljavanjem olslobađanje proističe iz njene društvene funkcije da koncentracijom proizvodnih snaga ubrzava razvoj proizvodnje. Da bi se takav razvoj obezbedio, bilo je neophodno da se relativno mali višak proizvoda, kao kritična masa za proizvodna ulaganja neophodne akumulacije, koncentriše na što manjem broju proizvodnih punktova. A pored materijalnih za to je bila neophodna i koncentracija duhovnih činilaca, koja se mogla vršiti samo odvajanjem duhovnog stvaralaštva od materijalne proizvodnje, gde je, radi maksimalne koncentracije viška proizvoda, na minimumu egzistencije morao ostati najveći deo društva.

Iz toga je neizbežno proisticalo protivrečno dejstvo i u proizvodnoj stimulativnosti svojine, koja vlasnike motiviše, a obezvlašćene proizvođače demotiviše za proizvodnju. Takvo dejstvo je neizbežno zapravo zbog toga što se prisvajanje vrši lišavanjem, na jednoj strani u interesu prisvajača, a na drugoj strani protiv interesa proizvođača.

Zbog proizvodne stimulativnosti, svojina ima odlučujuću ulogu u pokretanju čovečanstva na veliki skok iz carstva prirodne nužnosti u carstvo ljudske slobode, zbog čega je još Aristotel tvrdio da je ona saglasna samoj prirodi ljudskoj, a Furije da je "... *duh vlasništva najjača poluga koja može oduševiti ljude Civilizacije*"[97]. Po mišljenju S.S. Aleksejeva, "... *postoji samo jedan način formiranja stalnog, neiscrpnog interesa za visokokvalitetan produktivan rad, to je interes koji proizilazi iz svojine ...*"[98], a prema Engelsu, "... *niska pohlepa je bila pokretačka snaga civilizacije od njenog prvog dana do danas, njen jedini krajnji cilj je bilo bogatstvo, i još jednom bogatstvo, i po treći put bogatstvo, bogatstvo, ne društva, nego te pojedine bedne individue*"[99].

---

[97] *Civilizacija i novi socijetarni svijet*, "Školska knjiga", Zagreb, 1980, str. 167

[98] Cit. rad, str. 11

[99] *Poreklo porodice, privatne svojine i države*, isto, str. 139

Svojina, uostalom, ne bi ni nastala da nije podsticala na veću proizvodnu mobilnost iz koje je proisticalo i veće materijalno bogatstvo ljudske individue. Cepanje prvobitne svojine na gentilnu, porodičnu i individualnu svojinu ne bi imalo nikakvog smisla da za rezultat nije imalo veći interes za proizvodnju i veće proizvodne efekte.

Ali zbog toga što je kod samog proizvođača istovremeno ubijalo interes za otuđujuću proizvodnju, prisvajanje je, kao bazični društveni odnos, moralo dobiti prinudni karakter, baš kao što je i sama proizvodnja prinudna društvena delatnost. Pošto je, nasuprot svom gospodaru zainteresovanom za što veću proizvodnju, bio zaineteresovan da što manje radi, rob se na veću proizvodnju samo silom mogao privoleti.

U toj protivrečnosti između proizvodne zainteresovanosti vlasnika i nezainteresovanosti obezvlašćenog proizvođača sadržana je, međutim, glavna pokretačka snaga razvoja svojinskih odnosa te svih istorijskih promena u društvenom karakteru svojine. Pošto nasilna prinuda nije davala zadovoljavajuće efekte, već robovlasnici počinju na robove prenositi izvesna svojinska ovlašćenja, kao što je u starom Rimu bila institucija **peculium**-a (nepokretne imovine kojom je pravno raspolagao robovlasnik a upravljao i faktički je koristio rob), dok uvođenjem institucije **kolonata** (nasledne zavisnosti zemljoradnika od zemljovlasnika uz obavezu davanja rente) nije označen kraj robovlasničkog i početak feudalnog poretka.

Osnovni smisao svih promena oblika feudalne rente (radna - naturalna - novčana) bio je da se poveća interes kmeta za proizvodnju. Veći interes za proizvodnju proisticao je svaki put iz povoljnijeg svojinskog statusa, koji je bar naizgled, omogućavao da kmetu ostaje više proizvoda, iako je zemljovlasnik uvek nalazio načina da glavnu korist izvuče za sebe.

Napredak koji je u tom pogledu doneo kapitalizam, sastojao se u potpunom prenošenju prava raspolaganja radnom snagom na proizvođača, ali gvozdeni zakoni slobodnog tržišta nisu najamnom radniku dozvoljavali da svoju snagu prodaje skuplje nego što je koštalo njeno golo reprodukovanje, zbog čega je način za podsticanje proizvodne motivacije tražen u stimulativnosti interne raspodele kojom su zarade bar delimično vezivane za radni učinak. Time je, na bazi naučne organizacije rada, začet jedan novi, u suštini socijalistički način prisvajanja na osnovu sopstvenog rada, koji je podsticanjem proizvodne motivacije znatno doprineo razvoju kapitalističke proizvodnje.

Etatizacijom svojinskih odnosa ne samo što proizvodna motivacija nije povećana nego je još i umanjena jer je prisvajanje na osnovu stvarnog rada zamenjeno prisvajanjem po osnovu samog prava na rad, koje demotiviše umesto da motiviše. Odsustvo proizvodne motivacije osnovni je uzrok propadanja etatiziranog svojinskog sistema "...u kojem za svojinu i uslove društvene reprodukcije, ni na kratak ni na duži rok, osim državnih ili društvenih institucija, niko nije zainteresovan"[100]. Odsustvo tog interesa nije moglo biti nadomešteno ni najvećom mogućom agitpropagandom za ličnu identifikaciju sa državnom svojinom i širenje poleta udarnika i subotnjika.

Maksimalna motivacija za proizvodnju može se postići samo kad je proizvođač istovremeno i vlasnik proizvodnih sredstava i proizvoda svog rada jer je "...rad vlasnika dvostruko sretniji od rada sluge ili plaćenika...", zbog čega "...radnici koji su bili spori i nevjerovatno nespretni dok su bili plaćeni postaju izvanredno marljivi čim počnu raditi za svoj račun"[101]. Stoga je rad za sebe i produktivniji od rada za drugoga, a bez maksimalne produktivnosti ne može se ostvariti ni san o društvenom izobilju kao osnovnoj pretpostavci društvene slobode.

Ako je individualizacija svojinskog monopola za rezultat imala samo zainteresovanost privatnih vlasnika, opšta individualizacija svojine, koja znači ukidanje svojinskog monopola, imaće za rezultat opštu zainteresovanost celog društva za razvoj proizvodnje. Zato je ubrzani rast produktivnosti i ukupne proizvodnje logičan rezultat takve

---

[100] Hamori Balaž, Prilog u zborniku *Oblici svojine u socijalizmu*, "Savremena administracija", Beograd, 1989, str. 124

[101] Charles Fourier, cit. rad, str. 167

svojinske individualizacije, ili desvojinizacije, čiji je krajnji ishod oslobođenje ljudske jedinke, i od neposredne proizvodnje i od svojine.

Pretpostavka da će s opštim izobiljem nastati opšte lenstvovanje, je bez osnova jer je lenstvovanje neodvojivi antipod mukotrpnog proizvodnog tegljenja, sa čijim nestajanjem mora i samo nestati. Interes za proizvodnju, koji proističe iz potrebe za proizvodnjom, još od samog nastanka ljudske proizvodnje sve više ustupa mesto interesu za stvaralaštvo, koji proističe iz potrebe za samim stvaralaštvom.

Ukoliko je stvaralaštvo podsticano nekim spoljašnjim pobudama, to su više opštedruštveni nego sebični ciljevi samog stvaraoca. Kako piše Galbraith, "... *za dobrog pripadnika slobodnih zanimanja, za dobrog umjetinika ili učenjaka drži se da je vezan dugom prema općim, zajedničkim ciljevima koji postoje na njegovu području i da ih nastoji izmjeniti u skladu sa svojim nagonima, ukusom i znanjem*"[102].

Pošto će stoga stvaralačka motivacija za unapređivanje proizvodnih tehnologija uvek postojati, interes za razvijanje proizvodnje nikada neće prestati, samo što će se na drugačiji način ostvarivati. Umesto fizičkim naporom neposrednih proizvođača, ostvarivaće se umnim naporom proizvodnih stvaralaca.

---

[102] Cit. rad, str. 155

SVOJINA KAO MOTIV KLASNE BORBE

Svojina nije samo osnova klasne polarizacije društva već je i osnovni motiv međuklasne i unutarklasne borbe polarizovanih klasa. Vlasnici i obezvlašćeni, eksploatatori i eksploatisani - "...*slobodan čovjek i rob, patricij i plebejac, baron i kmet, esnafski majstor i kalfa, ukratko - ugnjetač i ugnjeteni stajali su jedan prema drugom u stalnoj suprotnosti, vodili neprekidnu, čas skrivenu čas otvorenu borbu, borbu koja se uvijek završavala revolucionarnim preuređenjem cijelog društva ili zajedničkom propašću klasa koje su se borile*"[103].

Ta borba vođena je uglavnom oko raspodele i prisvajanja ograničenog proizvoda kojim se nisu mogli zadovoljiti prohtevi svih, zbog čega se, "...*sve dosadašnje istorijske suprotnosti između eksploatatorskih i eksploatisanih, vladajućih i potlačenih klasa objašnjavaju relativno nerazvijenom produktivnošću ljudskog rada*"[104]. Da se proizvodilo koliko je potrebno, ne bi bilo ni klasne polarizacije ni klasne borbe jer prisvajanje nečeg što je na slobodnom raspolaganju ne bi imalo nikavog smisla.

Ali upravo je ta borba u funkciji menjanja i razvijanja, a u krajnjoj liniji i ukidanja svojinskih odnosa. Stare klase su propadale a nove nastajale samo zato što su propadali stari a nastajali novi svojinski odnosi, zbog čega ni jedna klasa nije mogla ukinuti odnose u kojima se nalazila sa drugim klasama a da time ne bude i sama ukinuta. Ukidanjem robovlasništva ukinuti su i robovlasnici i robovi, a ukidanjem feudalizma i feudalci i kmetovi, dok se ukidanjem kapitalizma ukidaju i kapitalisti i najamni radnici, što pokazuje da se svojinski odnosi ne menjaju po volji postojećih klasa, već da je istorijsko smenjivanje klasa u funkciji menjanja svojinskih odnosa.

Postojeće klase su opstajale samo dok se njihova borba vodila u granicama postojećih svojinskih odnosa, odnosno dok nisu nastajale

---

[103] *Manifest Komunističke partije*, K. Marks, F. Engels, Dela, isto, tom 7, str. 380

[104] F. Engels, *Anti-diring*, K. Marks, F. Egels. Dela, isto, tom 31, str. 138

bitne promene u samom načinu prisvajanja kada bi se umesto njih kao subjekti novih odnosa pojavljivale i nove klase. Pri postojećem načinu prisvajanja, mogle su se menjati samo proporcije raspodele ostvarenog proizvoda ali do granice koja razgraničava osnovne svojinske pozicije suprotstavljenih klasa.

Pošto u raspodeli ostvarenog proizvoda odlučujuću ulogu imaju vlasnici, proporcije raspodele menjaju se prvenstveno u njihovu korist, što omogućava da se ulaganjem u proizvodnju sve većeg dela viška proizvoda prozvodne snage razvijaju sve dok ne dođu u sukob sa postojećim svojinskim odnosima, čija promena radi daljeg razvoja proizvodnje postaje neizbežna. Progresivnim promenama proizvodnih odnosa obezbeđuje se kontinuitet u razvoju proizvodnih snaga, kojim se čovečanstvo sve više približava stanju društvenog izobilja i slobodnog raspolaganja društvenim proizvodom.

Te promene ne proističu, međutim, samo iz nastojanja vlasnika da uvećaju prisvojeni višak proizvoda, već i obezvlašćenih proizvođača da steknu svojinska ovlašćenja i povećaju svoj udeo u ukupnom proizvodu. Rezultanta tih nastojanja, koja proističe kako iz suprotstavljenosti tako i iz podudarnosti polarizovanih klasnih interesa, označava tendenciju razvoja, i proizvodnih snaga i proizvodnih odnosa.

Nastojanje eksploatisanih proizvođačkih klasa da izbore svojinska ovlašćenja i povećaju svoj udeo u ukupnom proizvodu, ispoljavaju se kako kroz otvoreno suprotstavljanje eksploatatorskim klasama, tako i kroz pasivne otpore njihovim nastojanjima da povećanjem eksploatacije povećaju veličinu prisvojenog proizvoda. Zato eksploatatorske klase ne mogu svoja nastojanja ostvarivati samo gušenjem otvorenih pobuna eksploatisanih proizvođača, nego im davanjem svojinskih ovlašćenja i smanjivanjem eksploatacije moraju praviti i određene ustupke.

Iako su u funkciji održavanja postojećih svojinskih odnosa, ti ustupci istovremeno znače njihovo nagrizanje i razaranje začecima novih odnosa, čiji razvoj dovodi do korenitih promena celog društva. Korenite promene svojinskih odnosa predstavljaju osnovu revolucionarnih preobražaja proizvođačkog društva, kojih bez takvih promena ne može ni biti, zbog čega su "*... sve dosadašnje revolucije bile revolucije za zaštitu jedne vrste svojine nasuprot drugoj vrsti svojine*"[105].

Ali sve te revolucije, koje se u suštini svode na promene svojinskih oblika, ili na zamenu jedne vrste svojine drugom vrstom svojine, predstavljaju samo površinske zahvate u odnosu na dubinska društvena pomeranja do kojih je (sa nastajanjem ljudske proizvodnje) dolazilo samim nastajanjem, i do kojih (sa nestajanjem ljudske proizvodnje) dolazi nestajanjem svojinskih odnosa. Zato one mogu biti tretirane i (samo) kao posebni momenti jedne jedinstvene revolucije koja znači veliki "skok" ljudskog roda iz carstva prirodne nužnosti u carstvo ljudske slobode, u kom smislu se može protumačiti i Marksova opaska da je "*... cjelokupno kretanje historije, s jedne strane, zbiljski akt rađanja komunizma*"[106].

U istom smislu, i socijalistička revolucija se može tretirati samo kao završni čin tog velikog skoka, koji po svojoj dubini prevazilazi sve političke revolucije kao površinske lomove, jer "*... ona nije, kao ove, usmerena protiv svojine monopola, već protiv monopola svojine...*"[107], te ne ukida samo jedan oblik svojine da bi ga zamenila nekim drugim oblikom, nego ukida svaku svojinu. Zato je "*... kao ime za radikalnu promjenu i u čovjeku i u društvu, revolucija u punom smislu samo socijalistička revolucija koja stvara razotuđeno, doista ljudsko društvo i čovjeka*"[108].

Socijalistička revolucija ne znači, prema tome, bilo kakvu, već progresivnu društvenu promenu kojom se posredovani svojinski odnosi zamenjuju neposrednim ljudskim odnosima. Ona je stoga (kao i svaka druga revolucija) istovremeno i stvaralački i rušilački akt kojim se jedni odnosi stvaraju a drugi razaraju jer se jedni ne mogu stvarati ako

[105] F. Engels, *Poreklo porodice, privatne svojine i države*, isto, str. 92

[106] K. Marks, *Ekonomsko-filozofski rukopisi iz 1884*, isto, str. 237

[107] F. Engels, *Dva govora u Elberfeldu*, K. Marks, F. Engels, Dela, isto, tom 5, str. 225

[108] Gajo Petrović, *Filozofija i revolucija*, "Naprijed", Zagreb, 1983, str. 149

se drugi ne razaraju. Dok su svojinski odnosi stvarani razaranjem neposrednih (na krvnim vezama zasnovanih) **prirodnih** odnosa, razaranjem svojinskih odnosa stvaraju se neposredni **društveni** odnosi.

Shvatajući je prvenstveno kao **sredstvo** progresivnih promena, tvorci učenja o socijalističkoj revoluciji su, međutim, toliko prenaglašavali njenu rušilačku stranu da su je tretirali pre svega kao rušilački akt, pa su i u Manifestu Komunističke partije napisali da "... *komunisti svoju teoriju mogu sažeti u jedan izraz: ukidanje* (podv. Ž.M.) *privatne svojine*"[109], što je sasvim u skladu sa Marksovim stavom da je "... *revolucija uopće - rušenje postojeće vlasti i razaranje starih odnosa - politički akt...*", te da je u socijalizmu "... *taj politički akt potreban ukoliko mu je potrebno razaranje i raspadanje*"[110]. Stoga je razumljivo što su oni, posvećujući ceo život revoluciji, samo usputno nagoveštavali do kakvih bi promena uz pomoć tog rušilačkog akta moglo doći, i što su revolucionarnu aktivnost komunističkog pokreta usmeravali uglavnom na rušenje kapitalističkog poretka, potcenjujući angažovanje na njegovom organskom transformisanju u socijalističko zajedništvo.

To je doprinelo polarizovanju socijalističkog pokreta na komunističko i socijaldemokratsko krilo, od kojih je, zbog različitog odnosa prema revoluciji, prvo proglašeno revolucionarnim a drugo reformističkim. Ona su se više borila međusobno nego za menjanje samog kapitalizma, čemu je više doprinosila kapitalistička nego razjedinjena radnička klasa, pa su i Oktobarska revolucija, a potom i svi ostali socijalistički prevrati nastali više kao rezultat nemoći konzervativnih kapitalističkih, negoli neke velike moći revolucionarnih socijalističkih snaga.

Zapostavljanje stvaralačke strane revolucije doprinosilo je da su se komunisti i u najrazvijenijim kapitalističkim zemljama, ne samo ravnodušno odnosili prema zadrugarstvu, nego su se čak i suprotstavljali njegovom razvijanju a da su nakon osvajanja vlasti umesto socijalističkih, uvodili polufeudalne i državno-kapitalističke svojinske odnose,

---

[109] Isto, str. 390

[110] K. Marks, *Kritičke primjedbe uz članak jednog Prusa*, K. Marks, F. Engels, Dela, isto, tom 3, str. 174

koje su lažno proglašavali socijalističkim. U svim slučajevima, osvajanje vlasti je označavano kao završetak umesto kao početak revolucije, koja je umesto nastavljanja zaustavljana i totalnom etatizacijom društva pretvarana u kontrarevoluciju.

Prenaglašavanje rušilačke, a zapostavljanje stvaralačke strane, povlačilo je za sobom precenjivanje nasilne, a potcenjivanje duhovne snage revolucije. Stoga je takozvanoj nasilnoj revoluciji davan primat nad mirnom revolucijom, a u Manifestu komunističke partije komunisti su "... *otvoreno izjavili da se njihovi ciljevi mogu postići samo nasilnim rušenjem čitavog dosadašnjeg društvenog poretka...*"[111], što je doprinelo da se kako u komunstičkom pokretu tako i van njega sam pojam revolucije suštinski vezuje za pojam nasilja.

Nasilje, međutim, nikada nije predstavljalo glavno sredstvo progresivnih društvenih promena, a pogotovu se bez stvaralačke intuicije ljudskog uma ne bi moglo vršiti progresivno menjanje svojinskih odnosa kao osnove proizvođačkog društva. Svojina, uostalom, ni nastala ne bi da nije **shvaćena** društvenoekonomska prednost prisvajanja kao životnog interesa prisvajača, i kako konstatuje Engels, "... *privatna svojina se u istoriji nipošto ne pojavljuje kao rezultat pljačke i sile...*", već "... *svuda gde se stvara, to se događa usled izmenjenih odnosa proizvodnje i razmene, u interesu povećanja proizvodnje i unapređenja prometa - dakle iz ekonomskih uzroka*"[112]. U stvaranju novih odnosa sila može služiti samo kao pomoćno sredstvo ljudskog uma, ona "... *doduše može da izmeni imovno stanje, ali ne može da stvori privatnu svojinu kao takvu*"[113].

Stoga su sve društvene revolucije kao radikalne promene svojinskih odnosa, počinjale i završavale revolucionisanjem ljudskog mišljenja, dok je sila služila samo kao sredstvo praktične realizacije progresivnih ideja i revolucionarnih ciljeva. Ako je, po Lopatinu, "... *za pobjedu*

---

[111] Isto, str. 405

[112] *Anti-diring*, isto, str. 123

[113] Isto, str. 124

revolucije potreban spoj snage i svijesti..."[114], snaga u toj sprezi može predstavljati samo pomoćni instrumenat svesti koja od početka do kraja mora igrati odlučujuću ulogu u vođenju revolucije.

Svest je pogotovu neophodna za pobedu socijalističke revolucije, koja za sva vremena treba da raščisti sa upotrebom fizičke sile u razrešavanju društvenih sporova. Prenaglašavanje revolucionarne uloge sile doprinelo je, međutim, da je ona i nakon osvajanja vlasti stavljena iznad stvaralačke misli, koja je time prigušivana umesto da nasleđenih nasilnih stega, već i radi samog nastavljanja revolucije, bude potpuno oslobođena.

Ako se fizičkom silom može rušiti stari, samo je snagom uma moguće graditi novi društveni poredak. Slobodno društvo, koje umesto na fizičkom radu i prisvajanju, treba da počiva na duhovnom stvaralaštvu i neograničenom raspolaganju stvorenim, pogotovu se ne može graditi bez duhovnog angažovanja. Pa ako je više rušilačka, socijalistička revolucija mora biti i više stvaralačka nego sve prethodne revolucije jer samo građenjem novog, može porušiti staro, i samo stvaranjem slobodnog, osloboditi porobljeno društvo.

Zbog prenaglašavanja rušilačke i nasilničke uloge socijalističke revolucije, prenaglašavana je i uloga proleterijata kao njenog nosioca, jer ako su fizička sila i rušenje glavne odlike revolucije, onda proleterijat kao najbrojnija i stoga najmoćnija fizička snaga društva mora biti njen glavni nosilac, a tamo gde je gradski proletarijat malobrojan, njega je u toj funkciji (kao najbrojnije) jedino seljaštvo moglo zameniti. U Manifestu Komunističke partije "...*od svih klasa koje stoje naspram buržoazije samo je proletarijat...*" proglašen "...*istinski revolucionarnom klasom*"[115], a gde je proletarijat činio manjinu društva, glavni oslonac je tražen u seljaštvu, koje je zapravo i ponelo najveći teret izvršenih revolucionarnih prevrata.

---

[114] Lelio Basso, *Socijalizam i revolucija*, "Globus", Zagreb, 1981, str. 383
[115] Isto, str. 388

Ako mogu rušiti proizvođačko društvo zato što čine njegovu osnovu, proizvođačke klase ne mogu graditi slobodno društvo, iz prostog razloga što ih u njemu više neće biti, ali kao porobljena radna snaga lišena mogućnosti duhovnog stvaranja, one ne mogu graditi ni samo proizvođačko društvo, kojeg se, uostalom, žele što pre osloboditi. Robovi i kmetovi su svoje proizvodne okove silom raskivali, ali nove okove drugi su im kovali, a proleteri se svojih proizvodnih okova ne mogu osloboditi bez oslobođenja od same proizvodnje, što mogu samo ukoliko, postajući slobodnim stvaraocima, prestaju biti i proleterima i proizvođačima.

Glavnog nosioca revolucionarnih promena svojinskih odnosa uvek je predstavljala ona klasa koja je bila sposobna da preuzme, i koja je preuzimala ulogu glavnog vlasnika proizvodnih sredstava, dok su proizvođačke klase na njenu stranu stajale prvo, zato što su bile nezadovoljne postojećim poretkom, i drugo, što su revolucionarne promene ukoliko su donosile poboljšanje njihovog svojinskog i društvenog statusa, i njima odgovarale.

Pošto uloga glavnog činioca proizvodnje sa kapitala prelazi na znanje, ulogu glavnog nosioca revolucionarnog pretvaranja svojinskih odnosa u slobodne nesvojinske odnose može kao glavni nosilac znanja, imati samo stvaralačka inteligencija. Iako nisu mogli biti glavni nosioci, znanstvenici su, uostalom, bili rodonačelnici svih društvenih revolucija jer se nijedna radikalna promena društva nije mogla izvršiti ako se nije znalo šta i kako treba menjati.

Ako nisu bili glavni socijalni nosioci, nosioci znanja su bili glavni ideolozi, instruktori i organizatori svih revolucija, jer proizvođačke mase, po prirodi svoje profesije i društvene pozicije, to ne mogu biti, zbog čega "...*prepušten sam sebi, narod neće stvoriti ništa novo, nego će nastaviti tradicionalni način života*"[116]. I sam Engels je uočavao da su radnici čak i u razvijenoj Engleskoj "...*bili potpuno slomljeni, radom satrveni karakteri, mirni, pobožni i časni ljudi koji su se blagočastivo*

---

[116] Tkačov, po navodu Lelio Basso-a, cit. rad, str. 385

užasavali čartizma i socijalizma, prema prestolu i oltaru osećali dužno strahopoštovanje..."[117], dok je Marks za seljake tvrdio da su "*...nesposobni da istaknu svoje klasne interese u svoje sopstveno ime...*", da stoga "*...oni sebe ne mogu zastupati...*" već "*...ih mora zastupati drugi*"[118].

U vreme kada su komunisti pozivali na oružanu revoluciju, većina radnika i seljaka nije idejama komunizma mogla biti toliko zadojena da bi za njih i život žrtvovala, prvo, zbog toga što one, usled nerazvijenosti javnih komunikacija, nisu do njih ni dopirale, a drugo, što ni same te ideje nisu dovoljno konkretno određivale vlasničku i društvenu poziciju udruženih proizvođača. Dok je istorijski proces privatizacije još u toku, za većinu proizvođača privlačnija je banalna pozicija privatnog, nego još neopipljiva pozicija kolektivnog vlasnika, a kad im je ona nedostupna, radije se zadovoljavaju sitnijim ustupcima uz manje žrtve, nego što se odlučuju na velike žrtve s neizvesnim rezultatima. Stoga su se ne samo seljaci već i nekvalifikovani radnici često radije priklanjali reformističkim, pa i buržoaskim, nego komunističkim partijama.

U sukobu istorijskih interesa klasnog oslobođenja i neposrednih pojedinačnih interesa, većina se pre opredeljuje za ove poslednje, zbog čega su komunisti svesno radili na njihovom prigušivanju i podređivanju istorijskim ciljevima, uz devizu "što gore - to bolje", računajući na veći revolucionarni naboj što je životna situacija potlačenih masa teža. "*Da bi razvile svoju revolucionarnu energiju...*", ugnjetenim masama je preporučivano "*...da počnu time što će odbaciti od sebe sve što bi ih moglo izmiriti s postojećim društvenim poretkom...*" i da se "*...odreknu i od ono malo uživanja koja im teški život trenutno još čine podnošljivim*"[119].

Da bi stvorili što veći revolucionarni naboj, komunisti su namerno preuveličavali suprotnosti, a prećutkivali podudarnosti klasnih

---

[117] *Engleski zakon o desetočasovnom radnom danu*, K. Marks, F. Engels, Dela, isto, tom 10, str. 195

[118] *Osamnaesti brimer Luisa Bonaparte*, isto, tom 11, str. 161

[119] F. Engels, *Nemački seljački rat*, K. Marks, F. Engels, Dela, isto, tom 10, str. 303

interesa, verujući "*...da bi se revolucija jednog naroda i emancipacija jedne posebne klase građanskog društva poklapale, da bi jedan stalež važio kao stalež cijeloga društva...*", da se "*...zato moraju, obrnuto, svi nedostaci društva koncentrirati u jednoj drugoj klasi, ...jedan određeni stalež biti stalež opće smetnje, otjelovljenje općih prepreka, ...jedna posebna socijalna sfera važiti kao notorni zločin cijeloga društva...*"[120], uprkos činjenici, predočenoj i u samom Manifestu Komunstičke partije, da "*...buržoazija ne može da postoji a da neprekidno ne revolucioniše oruđa za proizvodnju, dakle odnose proizvodnje, pa prema tome, i cjelokupne društvene odnose*"[121].

Iza toga je stajalo jednostrano uverenje da "*...ukoliko se industrijska revolucija više razvija, ukoliko se pronađe više strojeva koji potiskuju ručni rad, utoliko krupna industrija više snizuje nadnicu...na njen minimum, uslijed čega položaj proletarijata postaje sve nepodnošljiviji...*"[122], uverenje koje je previđalo činjenicu da industrijska revolucija ukoliko se više razvija, utoliko, istovremeno, stvara i sve više visoko kvalifikovanih radnika, čiji se materijalni i društveni položaj, po prirodi stvari, poboljšava, a nezadovoljstvo postojećim društvenim poretkom stoga smanjuje.

Precenjivanje mogućnosti nasilnog rušenja klasnog poretka proisticalo je zapravo iz prenaglašavanja klasnih suprotnosti, koje su, međutim, samo jedna strana protivrečnosti čija je druga strana podudarnost klasnih interesa. Pošto je sa privatizacijom istovremeno vršeno i podruštvljavanje svojine, kao osnove klasne polarizacije, nisu se razvijale samo suprotnosti već i podudarnosti klasnih interesa, zbog čega se jaz između suprotstavljenih klasa nije povećavao nego smanjivao. Što se pri tom klasna borba rasplamsavala, samo je potvrda sve veće sposobnosti porobljenih klasa da se suprotstave vladajućim klasama, iza čega je moglo stajati samo jačanje njihovih pozicija.

---

[120] K. Marks, *Prilog kritici Hegelove filozofije prava*, K. Marks, F. Engels, Dela, isto, tom 3, str. 158

[121] Isto, str. 383

[122] F. Engels, *Principi komunizma*, K. Marks, F. Engels, Dela, isto, tom 7, str. 299

Jačanje moći (kao uostalom i samo nastajanje) radničke klase proističe pre svega iz sve veće socijalizacije privatne svojine, koja ne vodi udaljavanju nego približavanju pozicija suprotstavljenih klasa. I uspesi koje ona u ostvarivanju svojih interesa postiže, nisu samo u sukobu već i u saglasnosti s interesima kapitalističke klase jer, u krajnjoj liniji, doprinose jačanju proizvodnih snaga čiji je ona legitimni vlasnik, kao što, na drugoj strani, svaka neposredna mera na liniji jačanja vladavine kapitala znači i korak bliže ka njenom ukidanju.

Zato bi se eksploatisane proizvođačke klase morale boriti i za i protiv, i za razvijanje i za ukidanje kapitalizma - za razvijanje ukidanjem, i za ukidanje razvijanjem. Ako je suština razvoja u progresivnim - i kvantitativnim i kvalitativnim, i postupnim i skokovitim - promenama, one treba da su i za evoluciju i za revoluciju, i za socijalne reforme i za socijalne prevrate.

To je uslov da pokret za slobodno društvo okupi sve progresivne snage, i za slobodarske ideje i oslobodilačke ciljeve pridobije većinu društva, bez koje se ni jedna socijalana revolucija ne može izvršiti, jer se korenitom promenom svojinskih odnosa iz korena menja celo društvo. Objektivnu osnovu za to predstavlja životna zainteresovanost za oslobođenje svih obezvlašćenih i potlačenih koji ne poseduju nikakva ili poseduju nedovoljna sredstva proizvodnje da bi bili pošteđeni eksploatacije.

"Mozak" i "srce" takvog pokreta ne mogu, kao što se pretpostavljalo, predstavljati profesionalni revolucionari i političari, koji lako padaju u iskušenje da ciljeve pokreta podrede svojim karijerističkim ambicijama, i da ga od sredstva oslobađanja pretvore u sredstvo novog porobljavanja. *"Društvena promocija utjelovljena u političkoj ili sindikalnoj "karijeri", ako i nije "radničke vođe" uključivala u establišment, ipak ih je u stanovitom smislu tome približavala i navodila da traže da budu poštovani prema kriterijumima prosuđivanja građanskog svijeta, tako da su poprimili habitus, jezik i mentalitet svojih građanskih kolega. Tako su oni postajali - barem najvećim dijelom - podložni oficiri i*

115

podoficiri uspostavljenog poretka... Na sjednici održanoj 1905. godine Maks Veber·je utvrdio kako je socijal demokracija osuđena da postane stranka koja postoji za sebe samu i za interes svojih funkcionera"[123]

Ali mogućnosti funkcionera socijaldemokratije za zloupotrebe rukovodećih funkcija nisu ni približne šansama koje su dolaskom na vlast funkcioneri komunističkih partija iskoristili pretvarajući svoje partije iz pokreta za revoluciju u pokret protiv revolucije. Revolucionarnu diktaturu proletarijata oni su izokrenuli u birokratsku diktaturu partije, a diktaturu partije u ličnu diktaturu partijskih vođa. Zato su se i socijalreformisti i komunisti umesto za socijalizaciju borili za etatizaciju svojine, koja upravo čini ekonomsku osnovu birokratske diktature.

Za stvarnu socijalizaciju i konačnu likvidaciju svojine najviše je zainteresovana stvaralačka inteligencija, pošto jedino ona može živeti bez svojine ukoliko umesto prisvojivih proizvodnih sredstava znanje postaje osnovni činilac proizvodnje. Stoga samo ona može predstavljati "mozak" i "srce" pokreta za ukidanje proizvodnog i oslobađanje stvaralačkog rada. Ali ukoliko se oslobađa proizvodnog rada, ona postaje i glavni, a na kraju i jedini socijalni nosilac pokreta jer će se celo društvo sve više, i na kraju u potpunosti preobraziti u stvaralačku inteligenciju.

Stvaralačka inteligencija je najrevolucionarniji, i stoga što je relativno najugroženiji deo društva jer u odnosu na sve ostale delove svojim radom daje daleko više nego što dobija, a stvaralaštvo se, za razliku od fizičkog rada, na sve moguće načine suzbija, ograničava i zabranjuje. Ona, međutim, ne može dobiti ništa što ne dobija celo društvo, zbog čega ona može i mora celo društvo pokrenuti u akciju za oslobođenje. Stvaralačka inteligencija je u stvari jedina snaga koja tako nešto može činiti jer samo stvaralačke misli i nove ideje mogu ljude pokrenuti u akciju. Zato je ona i glavna integrativna snaga koja svojim slobodarskim idejama celo čovečanstvo može ujediniti u borbi za njegovo oslobođenje.

---

[123] Lelio Basso, cit. rad, str. 94 i 314-315

VI

**PUTEVI I STRANPUTICE RAZVOJA SVOJINSKIH
ODNOSA U JUGOSLAVIJI**

Takozvana prva Jugoslavija "Kraljevina Srba, Hrvata i Slovenaca" imala je u odnosu na razvijene industrijske zemlje, relativno nerazvijene svojinske odnose. Najveći deo imovine, u vidu obradive zemlje, nalazio se u posedu individualnih poljoprivrednih proizvođača, koji su činili više od $\frac{4}{5}$ stanovništva. Manji deo zemlje bio je u rukama veleposednika koji su eksploatisali tuđi rad, a najveći deo u rukama sitnog i srednjeg seljaštva koje je živelo od svog rada, na sopstvenom ili tuđem posedu. Ostali deo imovine u obliku rudnog bogatstva, energetskih izvora, saobraćajnica, industrijskih i uslužnih objekata, zanatskih i tgovinskih radnji, bio je u posedu države i individualnih vlasnika od kojih je većina (zanatlije i sitni trgovci) živela od sopstvenog rada. Znatnim delom kapitala koji je počivao na eksploataciji domaće radne snage, raspolagali su inostrani vlasnici.

Iako relativno nerazvijeni, svojinski odnosi su već bili na relativno visokom nivou socijalizacije. Samo na području Srbije od 1920. do 1939. godine osnovano je 3647 raznih zadruga, u koje je učlanjen relativno veliki broj individualnih vlasnika[124]. U ekspanziji je bilo i akcionarstvo, a i država se sve više uplitala u privatno vlasništvo zahvatajući sve veći deo nacionalnog dohotka, i faktički je raspolagala ne samo javnim dobrima i državnim kapitalom, već indirektno u velikoj, i sve većoj meri i individualnim vlasništvom.

Nacionalizacijom privatnog kapitala nakon narodnooslobodilačkog rata samo je ubrzan proces etatizacije svojinskih odnosa. Prinudnom kolektivizacijom izvršena je faktička etatizacija ne samo eksploatatorskog, već i sopstvenim radom stečenog vlasništva jer su seljačke radne zadruge i drugi oblici kolektivnog rada i privređivanja stavljeni pod apsolutnu kontrolu države.

Time nije izvršena pozitivna, već negativna socijalizacija individualnog vlasništva, kojom ono nije potvrđeno kao osnova zajedničkog vlasništva, nego je ukinuto i otuđeno u državno vlsništvo. Umesto autentičnih zadružnih organizacija, zasnovanih na slobodnom udruživanju

---

[124] *Vek i po zadrugarstva*, Zadružni savez Jugoslavije, 1995, str. 23

individualnog vlasništva, stvorene su prinudne radne zadruge s ekspro-prisanim individualnim vlasništvom, a nacionalizacijom privatnog kapitala nije izvršeno ukidanje privatnog vlasništva, nego je samo promenjen njegov oblik, s obzirom da se i državno vlasništvo zasniva na prisvajanju tuđeg rada.

Ekonomske implikacije takve svojinske transformacije bile su drastičan pad proizvodne i ekonomske motivacije, koji je rezultirao još drastičnijim padom produktivnosti i ukupne ekonomije rada. Etatizacijom vlasništva etatizirano je i upravljanje društvenom reprodukcijom, kojim je praktično ugušena slobodna inicijativa, ali bez individualnog svojinskog subjektiviteta ni državna birokratija nije bila ekonomski motivisana za bolje privređivanje, pa je odsustvo ekonomske motivacije kompenzirano politčkim podsticanjem.

Pošto se nedovoljna ekonomska motivacija nije mogla nadoknaditi političkim podsticanjem, perspektiva se nazirala u pretvaranju državnog vlasništva u društveno vlasništvo, i centralizovanog državnog upravljanja u samoupravljanje. Time se masovna stvaralačka i proizvođačka inicijativa mogla usmeriti na maksimalnu mobilizaciju svih proizvodnih i ekonomskih potencijala, kojom bi se ubrzao rast društvene produktivnosti i ukupne ekonomije rada.

Državno vlasništvo je, međutim, političkim dekretima samo formalno transponovano u društveno vlasništvo, koje je bez individualizacije svojinskog subjektiviteta ostalo pod apsolutnom dominacijom države. Država je i dalje zahvatala gotovo celokupan višak nacionalnog dohotka, iz kojeg je podmirivala državne dugove, pokrivala gubitke društvenih firmi, investirala u razvoj i vršila ukupnu društvenu preraspodelu. Raspodela prema radu, kao potencijalni oblik reprodukovanja društvenog vlasništva, ostala je na marginama troškovnog sistema raspodele, a okoštala fiskalna koncentracija i distribucija sredstava za zajedničke potrebe samo je zaodenuta u ideološku oblandu proklamovane slobodne razmene rada.

Raspolažući viškom vrednosti država je, posredno ili neposredno, manje ili više raspolagala ukupnim sredstvima društvene reprodukcije. I u raspodeli sredstava lične potrošnje zadržan je, u obliku startne osnovice i zagarantovanog "minimalca", platni sistem, preko kojeg su zaposleni ostali vezani za državne "jasle". U takvoj poziciji, tobože samoupravno udruženi radnici nisu faktički raspolagali ni sredstvima lične potrošnje a kamoli ukupnim sredstvima i rezultatima sopstvenog rada, kako je ideološki predstavljan njihov svojinski status.

Na takvoj svojinskoj osnovi, formalno konstituisano samoupravljanje ostalo je na marginama otuđenog državnog upravljanja, koje je u svom autentičnom obliku, i institucionalno zadržano kao predpostavljeni dvojnik samoupravljanja. Bez individualizacije svojinskog subjektiviteta nije moglo biti stvarnog podruštvljavanja državnog vlasništva, pa ni stvarne transformacije otuđenog državnog upravljanja u samoupravljanje. Ukoliko nije postajao subjekt vlasništva, pojedinac nije mogao postati ni subjekt upravljanja. Iza formalnog samoupravljanja radnih ljudi i građana stajalo je autokratsko upravljanje države.

Društvena svojina i samoupravljanje nisu, prema tome, mogli biti generatori ekonomske i društvene krize SFRJ-e jer nisu ni postojali, a to što je stvarno postojalo bili su zakamuflirano državno vlasništvo i autokratsko državno upravljanje. Kritičari SFRJ-e zapadaju u očiglednu kontradikciju kad uzročnike njene nestabilnosti i konačnog raspada traže u samoupravljanju i autoritarnosti "Brozovog režima", koji jedno pored drugog nikako nisu mogli postojati. Pre bi se moglo reći da je kriza, pored ostalog, proisticala iz neostvarivih težnji da se to dvojstvo ostvari. I kad se pokazalo da su takve težnje neostvarive, a postojeći autokratski režim neodrživ, pojavile su se težnje za reprivatizacijom i reetatizacojim koja je pri postojećoj konstelaciji snaga u Federaciji bila neizvodiva.

S obzirom da su glavni kreatori društvenih reformi bili sami nosioci autoritarne vlasti, drugačije težnje nisu ni mogle doći do izražaja. Reprivatizacija i reetatizacija predstavljale su jedinu uzdanicu, a sitnosopstveničko i državno vlasništvo najsigurniju ekonomsku osnovicu održanja autokratske vlasti. Sitnosopstveničko i državno vlasništvo, bez obzira na njihovu istorijsku preživelost, postali su okosnica programskih opredeljenja autokratski orijentisanih, i vladajućih i opozicionih stranaka u Jugoslaviji.

Tri su okolnosti takvim težnjama izuzetno pogodovale. Jedna je teška ekonomska situacija, pojačana međunacionalnim sukobima, koja više odgovara autokratskim nego demokratskim težnjama. Druga je postojanje autoritarnog svetskog poretka, koji radi sopstvenog jačanja, podstiče jačanje autoritarnih režima i u kolonijalnim zemljama. I treća okolnost je odsustvo organizovanog demokratskog pokreta s alternativnim - demokratskim težnjama, za čije ispoljavanje u autokratskim režimima nisu postojali odgovarajući uslovi.

Pošto je i sama prestala delovati kao komunistički pokret, Komunistička partija Jugoslavije je dolaskom na vlast onemogućila delovanje bilo kakvog društvenog pokreta. Svaka slobodna inicijativa, makar dolazila iz same vladajuće partije, ignorisana je i sputavana, čime je obezbeđivana apsolutistička vladavina partijsko-državne vrhuške, pa su težnje za takvom monopolizacijom vlasti nastavljene i nakon raspada SFRJ-e, i to ne samo u vladajućim, već i u opozicionim strankama.

Težnje za monopolizacijom vlasti su bile i ostale u funkciji monopolizacije vlasništva. Bez obzira na formalno-pravna ovlašćenja, partijsko-državna birokratija je bila i ostala stvarni posednik društvenog kapitala, koncentrišući u svojim rukama svojinski i politički subjektivitet. I ništa ne menja u suštini stvari da li su na vlasti ostale stare ili došle nove ličnosti, i da li one na sredstvima kojima faktički raspolažu, poseduju i formalno-pravni subjektivitet. Nije u suštini velika razlika ni da li su te ličnosti individualni (privatni) ili grupni (državni) vlasnici kapitala koji se reprodukuje prisvajanjem tuđeg rada.

Stoga ne treba da čudi, što se reprivatizacija i reetatizacija društvenog vlasništva vrše bez velikih društvenih potresa jer se ništa korenito ne menja u svojinskim odnosima. Ako je ranije državno vlasništvo formalno transponovano u društveno, sada je u toku samo obrnut

122

proces, i ako su ranije pripadnici vladajuće elite samo grupno raspolagali društvenim kapitalom, sada njime raspolažu i privatno ukoliko su ga na razne načine pretočili u individualno vlasništvo. Teško da se može pronaći i jedan jedini skorojević koji se preko noći obogatio sopstvenim radom i sopstvenom zaslugom domogao vlasti, a svi koji su se na bilo koji način obogatili, već su na vlasti ili na nju vrše veliki uticaj.

Proizvođačke klase su pri svim tim formalno-svojinskim transformacijama bile i ostale u gotovo neizmenjenom položaju podjarmljenih i eksploatisanih, ne osećajući razliku da li su u "zagrljaju" državnog ili privatnog kapitala. Stoga ne čudi što one mirno posmatraju šta se dešava, očekujući da se pojave neke nove snage koje će ne samo progovoriti, nego i nešto učiniti u njihovom interesu.

Da su se takve snage pojavile, transformacija državnog ili nazovi društvenog vlasništva mogla je krenuti i drugačijim smerom kojim je socijalizacija privatnog vlasništva u razvijenijim idustrijskim zemljama već odavno krenula. Tim putem bi se krenulo i da su kreatori svojinske transformacije umesto sopstvenog bogaćenja, za primarni cilj imali bogaćenje celog naroda i ekonomski prosperitet cele društvene zajednice, bez kojeg se niko ne može na duži rok bogatiti.

Sav dosadašnji razvoj svojinskih odnosa bio je u funkciji unapređivanja ekonomske efikasnosti bez kojeg ni proizvodnja ni društvo ne bi napredovali. A osnovni činilac ekonomske efikasnosti u svim istorijskim uslovima bila je motivacija proizvođača, koja se nije mogla znatnije povećavati bez poboljšavanja njegovog svojinskog statusa. Tome je, u krajnjoj liniji, podređena i savremena demokratizacija svojinskih odnosa kroz razvijanje radničkog akcionarstva, deoničarstva i zadrugarstva.

Jugoslavija se ne može uključiti u savreme svetske tokove ako ne prihvati demokratizaciju svojinskih odnosa kao društveno-ekonomsku osnovu tih tokova i kao ključni činilac ekonomske efikasnosti, bez koje je na svetskom tržištu nemoguće izdržati ekonomsku utakmicu.

Radi toga bi ona u demokratizaciji svojinskih odnosa morala čak i prednjačiti da bi time kompenzirala zaostajanje u posedovanju drugih ekonomskih prednosti.

To prednjačenje moglo bi se ogledati u razvijanju zadrugarstva, u kojem Jugoslavija ima svetsku (150-godišnju) tradiciju. Nakon stogodišnjeg razvoja, u poslednjih pola stoleća zadrugarstvo je, međutim, sistematski potiskivano na margine sistema, što svedoči i podatak da je samo od 1953. do 1973. god. broj opštih zemljoradničkih zadruga smanjen od 3223 na 441[125], sa tendencijom da se sasvim utopi u udruženi rad, dok je u velikoj kampanji za privatizaciju gotovo zaboravljeno.

Da bi se dalje razvijalo, jugoslovensko zadrugarstvo bi moralo pretrpeti korenite promene, pre svega kroz demokratizaciju svojinskih odnosa putem individualizacije nedefinisanog svojinskog subjektiviteta zadružnog vlasništva. To podrazumeva da se celokupna imovina zadruge svojinski transformiše u udele zadrugara i da se ukupni rezultati rada i poslovanja zadruge raspodeljuju prema ukupnom doprinosu njihovom ostvarivanju, odnosno prema svim ulaganjima živog i opredmećenog rada zadrugara.

Individualizacijom svojinskog subjektiviteta zadrugarstvo po svojim ekonomskim potencijama treba ne samo da se izjednači s akcionarstvom, već i da stekne komparativne prednosti. To je šansa da se znatno poveća motivacija ne samo za bolji rad i poslovanje već i za veća ulaganja u zadrugu. Opšti nivo ekonomske motivacije bi na taj način mogao znatno nadmašiti ekonomsku motivaciju akcionarstva jer bi i zadrugari i zaposleni bili maksimalno zainteresovani za što bolji rad i poslovanje zadruge.

Demokratizacijom svojinskih odnosa demokratizovalo bi se i upravljanje zadrugom, koje je do sada, zbog otuđenosti zadružnog vlasništva, bilo u velikoj meri birokratizovano. A potpuna demokratizacija je osnova i potpunog ostvarenja zadružnih principa, po kojima zadruga treba da funkcioniše kao oblik samoorganizovanja slobodno udruženih

---

[125] *Vek i po zadrugarstva*, isto, str. 26

zadrugara, koji zajedničkim privređivanjem sopstvenim radom i sredstvima zadovoljavaju svoje potrebe.

Ako zadrugarstvo po ekonomskim potencijama treba da se približava akcionarstvu, i akcionarstvo po svojoj socijalnoj i društveno-ekonomskoj osnovi treba da se demokratizacijom svojinskih odnosa približava zadrugarstvu. Vlasnicima akcionarskog kapitala treba da postaje ne samo sve veći broj zaposlenih, nego i svi građani koji raspolažu slobodnim sredstvima. I osnovom prisvajanja ostvarene dobiti treba pored uloženog kapitala sve više da postaje i uloženi rad.

Zasnovan na otuđenom, nazovi društvenom vlasništvu, institut udruženog rada je i akcionarstvo i zadrugarstvo isključivao kao moguće oblike podruštvljavanja. Lišen individualnog svojinskog subjektiviteta na sredstvima društvene reprodukcije, proizvodni radnik je ostao u poziciji najamnika, koji je mogao formalno udruživati samo svoj živi rad i samo na osnovu živog rada učestvovati u raspodeli sredstava za lične dohotke, dok je učešće po osnovu minulog rada svedeno na dodatak za radni staž bez ikakve neposredne veze sa minulim radnim doprinosom.

Stvarnu transformaciju državnog vlasništva u društveno vlasništvo trebalo je tek izvršiti pretvaranjem u zajedničko vlasništvo svih članova društvene zajednice, što u suštini i treba da bude. Početni korak moglo je predstavljati doznačavanje akcija, deonica ili zadružnih udela zaposlenim i penzionisanim licima srazmerno doprinosu koji su u toku minulog radnog veka dali stvaranju državnog kapitala. U odsustvu pravih merila, za osnovu su se mogle uzeti razlike u visini ličnih primanja kao pretpostavljeni (iako neadekvatni) izraz individualnih razlika u kvantumu uloženog rada.

Ali da bi se sredstva društvene reprodukcije, i reprodukovala kao zajedničko vlasništvo, neophodno je uvesti i odgovarajuću raspodelu novostvorene vrednosti prema ukupnim ulaganjima živog i minulog rada u njeno stvaranje. Raspodelu prema radnom doprinosu tek bi trebalo uvesti, i ona se ne može dosledno i do kraja sprovesti po jednom, ukoliko se ne sprovede i po drugom osnovu. Ni pozicije najamnika radnik se ne može osloboditi dok se i sam ne nađe u poziciji poslodavca.

Reetatizacija i reprivatizacija vlasništva doneli su reetatizaciju i reprivatizaciju upravljanja društvenom reprodukcijom. Jedan oblik autokratskog upravljanja prikriven formalnim samoupravljanjem, zamenjen je drugim oblikom autokratskog upravljanja prikrivenim višepartijskim parlamentarizmom. U funkciji raspolaganja centralizovanim državnim vlasništvom, centralizovana državna vlast ostala je u posedu državne birokratije, jedne vladajuće partije i jednog državnog i partijskog vođe. U središtu političkog sistema ostao je iza nove fasade - višepartijskog parlamentarizma predsednik republike kao jedini stvarni suveren države, preko kojeg se javna vlast privatizuje i pretvara u instrumenat lične vladavine.

Težnja za reetatizacijom i reprivatizacijom političke vlasti proisticala je zapravo iz težnje za reetatizacijom i reprivatizacijom "društvenog" vlasništva. Reakumulacija državnog i privatnog kapitala putem enormne inflacije, sive ekonomije, eksproprijacije lične štednje građana i drugih oblika legalnog i nelegalnog prisvajanja tuđeg rada i tuđeg vlasništva, mogla se vršiti samo uz učešće i podršku autokratske vlasti.

Sa svoje strane, državno i sitnosopstveničko vlasništvo predstavljaju glavni ekonomski oslonac autokratske vlasti. Prvo je u njenom sopstvenom posedu, a drugim može mnogo lakše dirigovati nego krupnim akcionarskim kapitalom kojim zajednički raspolažu milioni samostalnih vlasnika. U zaštiti takvog svojinskog poretka nastala je i vladajuća ideologija malih i srednjih preduzeća, koja je objektivno usmerena ne samo na razbijanje velikih sistema već i na suzbijanje tendencija ekonomske integracije, čije je jačanje u sukobu s voluntarističkim težnjama državne birokratije.

Prihvatanjem demokratizacije svojinskih odnosa, Jugoslavija bi, radi uključivanja u svetske ekonomske tokove, morala prihvatiti odgovarajuću organizaciju proizvodnje, zasnovanu na proizvodnim, odnosno reprodukcionim programima, kojima se mora prilagođavati i organizacija preduzeća, umesto da se programi prilagođavaju okoštaloj organizaciji preduzeća. A što je podela rada razvijenija, na realizaciji istog programa radiće sve veći broj preduzeća, koja se ekonomski moraju neposredno povezivati u manje ili veće, čvršće ili labavije, dugotrajnije ili kratkotrajnije asocijacije.

Neposredno povezivanje reprodukcionih tokova podrazumeva i neposredno upravljanje istim, koje je po svojoj prirodi demokratsko i nezamislivo bez slobodne inicijative neposrednih aktera društvene reprodukcije. A na takvoj ekonomskoj osnovi, i politička vlast se mora demokratizovati i transformisati u neposrednu vlast samog naroda.

Demokratizacija svojinskih i političkih odnosa neizostavni je uslov integracije Jugoslavije u svetsku zajednicu, koja se ne može vršiti preko autokratske vlasti. Nije SFRJ prema ostalom svetu ostala relativno zatvorena zbog razvijenosti, već zbog nerazvijenosti samoupravljanja, u čijoj je prirodi otvaranje, odnosno zbog autokratskog upravljanja, koje samo po sebi vuče na zatvaranje.

U sukobu s autokratskim tendencijama, i u nacionalnim i u međunarodnim razmerama, zapravo se i odvija integracija nacionalnih zajednica u svetsku zajednicu. U borbi za tu integraciju, progresivne snage Jugoslavije bi se morale povezivati sa progresivnim snagama u svetu, jer se otpori na koje ona nailazi, samo udruženim snagama mogu slamati.

Ekonomskom integracijom nacionalnih kapitala u svetski kapital, nacionalno vlasništvo se transformiše u opštečovečansko vlasništvo, koje se stavlja na raspolaganje celoj svetskoj zajednici. A ukoliko osnovnim sredstvom društvene reprodukcije postaje ljudsko znanje kao zajedničko dobro celog ljudskog roda, svako vlasništvo se gubljenjem monopolskih obeležja i stvaranjem materijalnog izobilja pretvara u svima dostupno opštedruštveno dobro.

Živko Marković

(NE)SVOJINA

Izdavač
IP Naučna knjiga
Beograd, Uzun Mirkova 5

Recenzenti
Prof. dr Vera Pilić
Prof. dr Bogdan Ilić

Za izdavača
dr Blažo Perović

Urednik
Slobodan Stojadinović

Kompjuterska priprema
Prof. dr Nenad Ranković

Tiraž 200 primeraka

CIP - Katalogizacija u publikaciji Narodna biblioteka Srbije, Beograd
347.23

MARKOVIĆ, Živko
(NE) SVOJINA / Živko Marković. - Beograd :
Naučna knjiga, 1997 (Beograd : Vojna štamparija). - 131 str. ; 21 cm,

Tiraž 200. - Beleške uz tekst
ISBN 86-23-03072-9

330.522(497.1)

a) Svojina b) Društvena svojina - Zaštita - Jugoslavija
ID=53038348

Štampa
Vojna štamparija, Beograd, Generala Ždanova 40b